Feng Shui

PARA O LOCAL DE TRABALHO

Richard Webster

Feng Shui

PARA O LOCAL
DE TRABALHO

Tradução
DALVA AGNE LYNCH

EDITORA PENSAMENTO
São Paulo

Título do original:
Feng Shui for the Workplace

Publicado originalmente por Llewellyn Publications,
St. Paul, MN55164-0383, USA.

Ilustrações internas de Jeannie Ferguson.

O primeiro número à esquerda indica a edição, ou reedição, desta obra. As dezenas à direita indicam o ano em que esta edição, ou reedição, foi publicada.

Edição	Ano
2-3-4-5-6-7-8-9	99-00-01-02-03-04

Direitos de tradução para a língua portuguesa
adquiridos com exclusividade pela
EDITORA PENSAMENTO LTDA.
Rua Dr. Mário Vicente, 374 – 04270-000 – São Paulo, SP
Fone: 272-1399 – Fax: 272-4770
E-mail: pensamento@snet.com.br
http://www.pensamento-cultrix.com.br
que se reserva a propriedade literária desta tradução.

Impresso em nossas oficinas gráficas.

Dedicatória

Para Sunyar, Donna, Trish, Kim e Carol

Agradecimentos

Gostaria de expressar os meus mais profundos agradecimentos a T'ai Lau, por seu auxílio e conselhos.

Sumário

Apresentação

A maioria de nós passa pelo menos oito horas por dia no trabalho. Embora você possa não ter o privilégio de escolher ou projetar o prédio em que trabalha, é bem provável que tenha condições de fazer algumas alterações mínimas que tornarão sua rotina profissional muito mais gratificante.

Feng Shui para o Local de Trabalho vai mostrar a você como fazer alguns pequenos ajustes no local onde trabalha, para que você seja muito mais bem-sucedido, feliz e motivado em sua carreira.

- Aprenda a melhor forma de arrumar seu local de trabalho, seja ele o escritório de uma grande empresa ou uma sala em sua própria casa

- Conheça oito soluções do feng shui para harmonizar o ambiente de uma empresa

- Aumente a energia positiva da entrada principal do seu negócio, fazendo pequenas modificações

- Descubra quais são os locais mais apropriados para a contabilidade, o departamento de vendas, a diretoria e a sala de refeições

- Saiba quais são as melhores áreas da cidade para fazer novos negócios

- Tenha em mente o que é preciso evitar ao escolher um local para abrir um novo escritório

- Aprenda como projetar seu local de trabalho de uma forma que favoreça o crescimento e a prosperidade da empresa

Introdução

Feng shui é a antiga arte chinesa de viver em harmonia com o meio ambiente. As pessoas da China e das culturas circunvizinhas acreditam que, se utilizássemos todas as energias ao nosso redor, levaríamos uma vida de felicidade, alegria e abundância. A maioria de nós passa pelo menos oito horas por dia no trabalho. Faz sentido arranjar o nosso meio ambiente de trabalho de modo a que utilizemos essas energias, e sejamos felizes e bem-sucedidos na carreira que escolhemos.

Em todo o Oriente, pessoas de negócios consultam regularmente profissionais do feng shui, porque sabem que o uso apropriado dessa arte lhes dará mais chances nos negócios. O Citibank, o Chase Asia, o Morgan Bank, o Rothschild e mesmo o *Wall Street Journal* são apenas alguns exemplos de grandes companhias que se utilizam do feng shui.[1]

Sei de muitos exemplos de pessoas que fizeram mudanças em seu ambiente de trabalho, e, como resultado, tornaram-se mais realizadas e bem-sucedidas. No meu livro *Feng Shui for Beginners*, escrevi a respeito de um amigo meu cuja empresa estava falindo. Logo que ele fez algumas modificações, com base nos princípios do feng shui, seus negócios deram uma guinada para melhor, e ele, agora, é um homem extremamente abastado e bem-sucedido.

Alguns anos atrás, fui chamado para fazer a avaliação de uma fábrica de meias. A empresa estava tendo problemas com a troca excessiva de funcionários do alto escalão, baixo moral e um elevado índice de doenças. Foi bem fácil perceber a razão de muitos desses problemas. O teto da fábrica era marrom-escuro; parecia que os empregados estavam sob uma força que os oprimia. A empresa havia crescido bastante rápido no passado, e agora havia máquinas demais numa área muito pequena. Isso criava problemas, quando o produto final precisava ser carregado por um espaço assim tão congestionado.

Os proprietários da fábrica mudaram o setor de empacotamento para a área de depósito de mercadoria, o que deixou a fábrica mais espaçosa. O teto e as paredes foram pintados com cores agradáveis, joviais e leves. Também foram colocados vasos de plantas em certas áreas, para estimular o fluxo do ch'i, que é a força vital universal no feng shui.

Os resultados foram surpreendentes. O moral subiu de maneira rápida, a produção aumentou enormemente e os membros da equipe não estão mais buscando outro trabalho, porque agora estão satisfeitos com o cargo que têm.

Um conhecido meu, vendedor durante muitos anos, foi promovido a gerente de vendas na firma de tintas de impressão onde trabalhava. Ele ficou muito satisfeito com a promoção, mas começou a ficar deprimido na nova posição. Depois de dar uma olhada em seu escritório, eu sugeri que ele mudasse a posição da sua mesa de trabalho. Ele imediatamente se sentiu mais satisfeito, entusiasmado e sua produtividade cresceu sensivelmente.

É quase impossível encontrar um ambiente de trabalho perfeito; mas, felizmente, a maioria pode ser aprimorada de um modo fácil e simples, com apenas uns pequenos ajustes. Não tenho visto muitos lugares que sejam um desastre total.

A intenção deste livro é mostrar a você como fazer as mudanças necessárias no seu ambiente de trabalho, para que você se torne mais saudável, satisfeito e bem-sucedido em sua carreira.

Capítulo 1

O Que é Feng Shui?

Feng shui é a arte de viver em harmonia com a terra. Cinco mil anos atrás, os chineses notaram que, se construíssem a casa de frente para o sul, com colinas atrás e uma suave corrente de água em frente, as pessoas que ali morassem teriam uma vida feliz e satisfatória.

As palavras *feng shui* significam "vento e água". As pessoas notaram que os ventos frios e cortantes do inverno vinham do norte*. As colinas atrás da casa representavam uma proteção contra as piores intempéries. A água corrente fazia com que as colheitas crescessem e criassem a energia ch'i.

O Ch'i

O ch'i vem a ser a força universal da vida que se encontra em todas as coisas vivas. Ela se cria e se dissipa a toda hora. Quando está presente, a terra tem um cheiro bom, e tudo

* Convém lembrar ao leitor que, neste trecho, como em todo o livro, as referências aos pontos cardeais e às suas qualidades têm em vista o Hemisfério Norte, razão pela qual o sul aí é apontado como a direção "de onde vem o calor", enquanto que o norte é a direção "de onde vêm os ventos fortes e gélidos".

Para os leitores do Hemisfério Sul, as qualidades apontadas para sul e norte naturalmente se invertem. (N.E.)

corre da maneira como você quer. O ch'i é criado sempre que se faz algo bem-feito. Um fotógrafo captando um lindo pôr-do-sol está criando ch'i, assim como um varredor de ruas que se orgulha de seu trabalho e procura fazê-lo com perfeição.

O ch'i existe em abundância onde há suaves correntes de água. Água estagnada cria um ch'i negativo, conhecido como *shar ch'i*. Se a água flui depressa demais, todo o ch'i é levado embora. Conseqüentemente, é melhor que a água serpenteie suavemente em seu curso.

As pessoas que visitam Hong Kong muitas vezes comentam a respeito do fato de haver uma fonte em cada parque. Alguns desses parques são bem pequenos, mas oferecem um convidativo descanso da correria e pressa que os cerca. Todos os chafarizes criam ch'i benéfico.

Nossa intenção é atrair o máximo possível de ch'i para o nosso ambiente doméstico e profissional. Quando há bastante ch'i, nós nos sentimos satisfeitos e contentes.

Yin e Yang

Pode-se dividir o ch'i em duas metades, conhecidas como *yin* e *yang*. Acredita-se que a primeira vez em que o ch'i se moveu, ele criou o yang (princípio masculino). Quando descansou, o yin (princípio feminino) foi criado. Yin e yang, juntos, formam um todo, e um não pode viver sem o outro. Os antigos chineses nunca tentaram definir yin e yang. Em vez disso, eles se divertiam fazendo listas de opostos, tais como preto e branco, frente e verso, alto e baixo, macho e fêmea, sombra e luz. Na verdade, yin e yang apareceram quando os antigos notaram que o lado norte de uma montanha ficava na sombra (yin), enquanto o lado sul estava ensolarado (yang). O símbolo yin/yang é um círculo, consistindo em duas formas semelhantes a girinos, uma preta, com um ponto branco em uma das extremidades (yin), e a outra branca, com um ponto preto (yang). O ponto é outro exemplo da crença de que yin e yang devem estar em equilíbrio; onde quer que você encontre yin, você também encontrará yang, e vice-versa (Figura 1A).

Figura 1A: O símbolo do yin/yang

O Dragão e o Tigre

O feng shui é uma mistura intrincada de fatos, mitos, lendas e superstições. Ele está situado entre a arte e a ciência. As histórias e crenças que cercam esse assunto são cativantes, mas causaram muitas frustrações aos ocidentais que tentaram colonizar Hong Kong. A razão disso é que, de acordo com o feng shui, um dragão verde, ou um tigre branco, vive sob cada montanha. Quando os ingleses tentaram cavar túneis para construir estradas de ferro, não conseguiram encontrar um único trabalhador chinês disposto a ajudar, porque nenhum queria correr o risco de ferir um desses animais. Em conseqüência disso, os ingleses tiveram de contratar estrangeiros para fazer o serviço.

Na verdade, existem quatro animais simbólicos principais no feng shui. No leste, está o dragão verde; no oeste, está o tigre branco. O local onde os dois se acasalam simbolicamente é o ideal para situar uma casa ou qualquer outra construção. Atrás da casa, ao norte, fica a tartaruga preta. Em frente à casa, ao sul, está a fênix vermelha (Figura 1B).

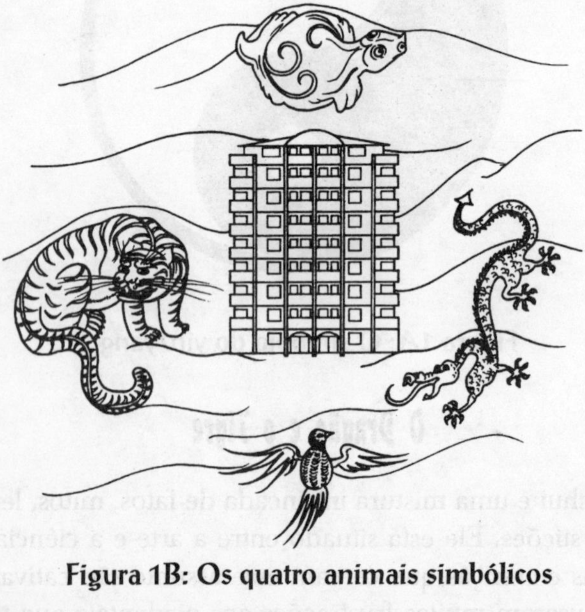

Figura 1B: Os quatro animais simbólicos

O dragão e o tigre criam um efeito ferradura, e os montes que formam o dragão são sempre um pouco mais altos do que os do tigre. O local perfeito para se construir uma casa é o centro da ferradura. Se você se coloca muito próximo da boca do dragão, pode correr o risco de ser mordido. Da mesma forma, se está perto demais da cauda do dragão, você terá problemas se ele a sacode ou se movimenta.

Hoje em dia, poucas pessoas podem dar-se ao luxo de escolher para morar um lugar idílico, que esteja perfeitamente de acordo com os princípios do feng shui. A maioria de nós, ao decidir onde morar, precisa utilizar os prédios vizinhos para representar o tigre e o dragão. Podemos fazer o mesmo ao escolher simbolicamente um lugar conveniente para o nosso negócio.

Teoricamente, a direção perfeita para situar a frente de um negócio é o sul,* com suaves montes (ou outros prédios) atrás, representando o dragão e o tigre, e com uma suave corrente de água na frente do prédio.

Para os chineses, a água simboliza dinheiro. Se a corrente de água está atrás da nossa propriedade, significa que oportunidades financeiras se perdem. Entretanto, se ela estiver na frente do local de trabalho, simboliza oportunidades financeiras que podem ser aproveitadas. Caso não haja água na frente da propriedade, podemos criá-la artificialmente, construindo um laguinho ou um chafariz. Água em movimento é melhor do que água parada, porque o movimento cria o ch'i. Um chafariz em frente da entrada principal, por exemplo, não só cria e encoraja o ch'i, mas também atrai dinheiro para a propriedade. Essa medida é bem útil para

* Ver a nota de rodapé da página 15.

uma casa, mas, ao escolher um possível local para negócios, ela é imprescindível.

Os Cinco Elementos

Os antigos chineses acreditavam que tudo se compunha de fogo, terra, metal, água ou madeira. Esses são os Cinco Elementos da Astrologia chinesa. Seria mais correto descrever os elementos como forças nas quais a energia ch'i se expressa de cinco maneiras diferentes. Se você elaborasse seu horóscopo chinês, descobriria que você mesmo se compõe de todos esses cinco elementos simbólicos ou da maioria deles. Muitas pessoas já me perguntaram por que o ar, um dos

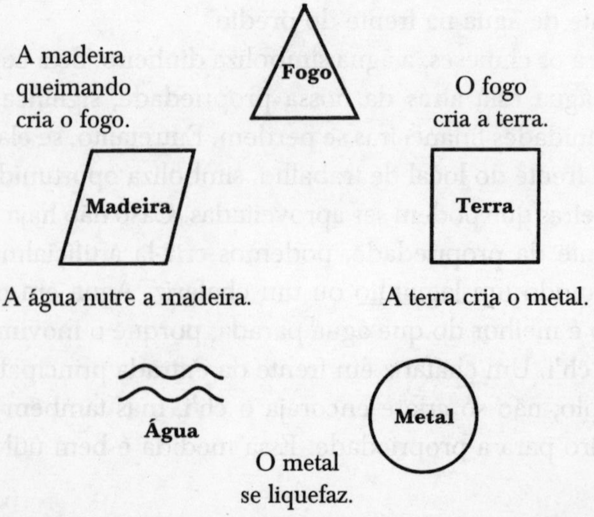

Figura 1C: O Ciclo da Criação dos Cinco Elementos

quatro elementos dos antigos gregos, foi deixado de lado. Na verdade, os chineses o levaram em consideração. Vapor e nuvens são considerados parte do elemento água.

Para esses cinco elementos, há um Ciclo da Criação e um Ciclo da Destruição.

No Ciclo da Criação, a madeira alimenta o fogo; o fogo queima e dá origem à terra; na terra encontramos o metal; o metal se liquefaz e produz a água; e a água nutre e alimenta a madeira (Figura 1C).

No Ciclo da Destruição, o fogo derrete o metal, o metal destrói a madeira; a madeira se nutre da terra; a terra vence a água; e a água apaga o fogo (Figura 1D).

No Apêndice, você pode ver quais os elementos que estão relacionados com o seu ano de nascimento.

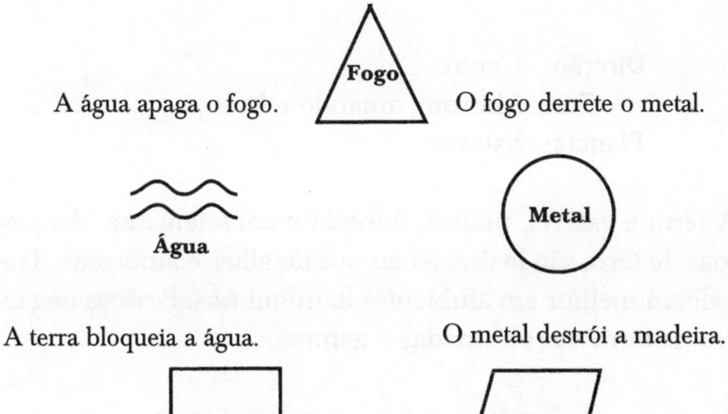

Figura 1D: O Ciclo da Destruição dos Cinco Elementos

Fogo

Direção: Sul
Cor: Vermelha
Planeta: Marte

O fogo é estimulante, excitante e energético. As pessoas de fogo são ativas, ocupadas e sempre necessitam de algo pelo qual batalhar. O calor do fogo pode aquecer, mas também pode queimar. Pessoas de fogo são entusiasmadas, extrovertidas e não têm restrições. Quando utilizam suas energias de maneira negativa, porém, elas se tornam impulsivas, extrovertidas demais e extravagantes.

Terra

Direção: Centro
Cor: Marrom, amarelo e laranja
Planeta: Saturno

A terra é estável, prática, honesta e conscienciosa. As pessoas de terra são leais, atentas aos detalhes e amorosas. Trabalham melhor em ambientes harmoniosos. Pessoas negativas de terra são obstinadas e teimosas.

Metal

Direção: Oeste
Cor: Branco e cores metálicas
Planeta: Vênus

O metal é competitivo, empreendedor e tem boa cabeça para negócios. As pessoas de metal são espertas, inovadoras e astutas. São exigentes em suas escolhas e gostam de ter coisas bonitas ao seu redor. Quando usam suas habilidades de maneira negativa, as pessoas de metal têm a tendência de ignorar as regras e se tornar muito competitivas.

Água

Direção: Norte
Cor: Preto e azul
Planeta: Mercúrio

A água é inteligente, comunicativa e dada a aventuras. As pessoas de água gostam de aprender e precisam de desafios intelectuais. O lado negativo das pessoas de água é a tendência para menosprezar pessoas menos inteligentes do que elas.

Madeira

Direção: Leste
Cor: Verde
Planeta: Júpiter

A madeira é criativa, material e inspiradora. As pessoas de madeira apreciam novas idéias e gostam de experimentar coisas novas. Quando usam suas habilidades de maneira negativa, essas pessoas se tornam imaginativas demais e fazem tudo para chocar os outros.

Shan

As montanhas sempre foram importantes no feng shui. Elas nos protegem contra os ventos cortantes, é claro, mas acredita-se que são, também, a morada de dragões e de deuses. Diz-se que as montanhas e as colinas são yang. As planícies são descritas como yin. Os antigos chineses utilizavam os cinco elementos para dividir em categorias os diversos tipos de colinas e montanhas ao ser redor. *Shan* é o termo utilizado para descrever os diferentes formatos das montanhas e colinas.

Uma montanha em forma de cone que se eleve até um pico pontiagudo, pertence ao elemento fogo. Isso porque pontas agudas faziam com que os chineses pensassem em chamas. Esse é um bom local para pessoas nascidas sob o elemento terra, mas mau para alguém que pertence ao metal.

Uma montanha de topo achatado, com um grande platô, está relacionada com o elemento terra. Isso porque o platô fazia com que as pessoas se lembrassem de que o solo é, muitas vezes, plano. Esse é um bom local para pessoas nascidas sob o elemento metal. Pessoas nascidas sob o elemento água deveriam evitá-lo.

Uma montanha escarpada, com reentrâncias onduladas em forma de dentes no cume, está relacionada com o elemento água. Isso porque a forma ondulada desse tipo de montanha fazia com que os antigos se lembrassem das ondas. Esse é um bom local para pessoas nascidas sob o elemento madeira, mas mau para pessoas nascidas num ano de fogo.

Montanhas de perfil redondo, estreitas e escarpadas mas arredondadas no cume, pertencem ao elemento madeira. Isso porque essas montanhas faziam os chineses pensarem em árvores, que geralmente são finas e altas. Esse é um bom local para pessoas nascidas nos anos de fogo, mas deve ser evitado por pessoas que nasceram nos anos de terra (Figura 1E).

Com base nos elementos, os antigos eram capazes de determinar se duas montanhas adjacentes eram compatíveis. Em Hong Kong, há um exemplo interessante de incompatibilidade. O pico principal de uma determinada montanha pertence ao elemento madeira. Entretanto, aos pés dessa montanha fica o Taip'ingshan, uma pequena colina que pertence ao elemento fogo. Ernest Eitel comentou sobre isso em seu livro *Feng Shui*, publicado em 1873. Ele escreveu: "Ora, uma pilha de madeira com fogo aos pés – qual será a conseqüência? Bom, não é de se admirar que a maioria dos incêndios de Hong Kong ocorram no distrito de Taip'ingshan."[1]

Naturalmente, as pessoas comparam o elemento de seu nascimento com os elementos das colinas e das montanhas ao seu redor, para determinar quais são os lugares mais adequados para morar.

Hoje em dia, é comum as pessoas se basearem nesses formatos de montanha para descrever os prédios.

Um prédio triangular pertence ao elemento **fogo**.

Um prédio quadrado está relacionado com o elemento **terra**.

Um prédio redondo está relacionado com o elemento **metal**.

Um prédio com o cume irregular está relacionado com o elemento **água**.

Um prédio alongado está relacionado com o elemento **madeira**.

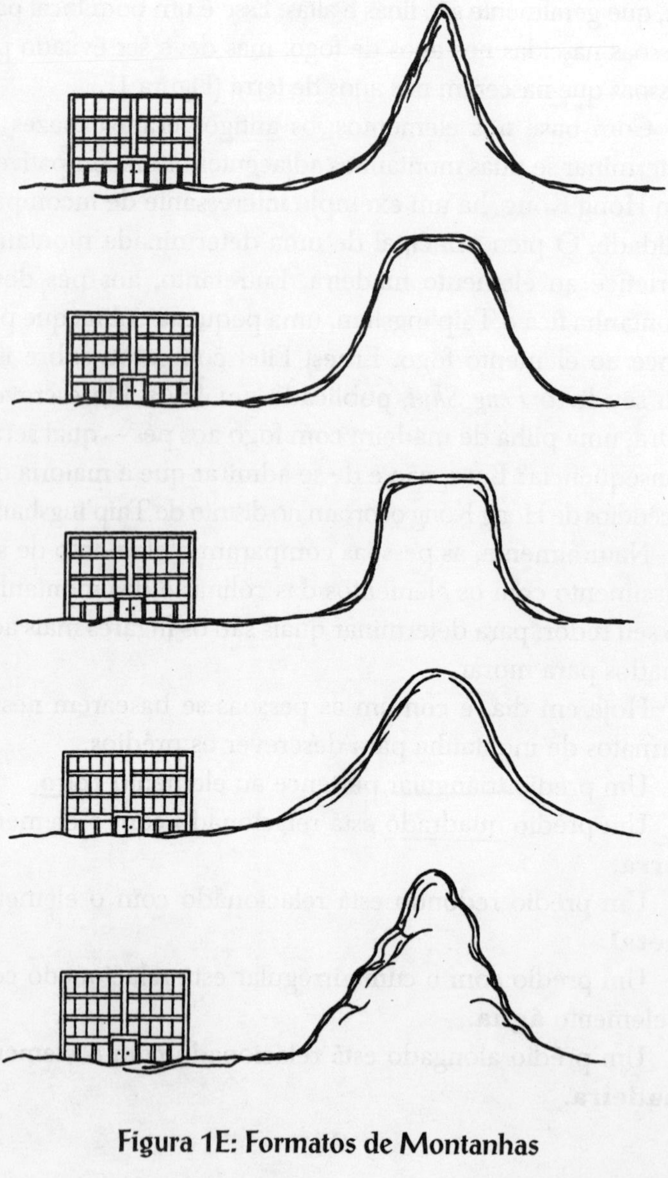

Figura 1E: Formatos de Montanhas

O Ba-guá

As origens do feng shui datam de muitos milhares de anos e se perderam na névoa do tempo. Existe uma lenda cativante, segundo a qual o feng shui teve início quando uma grande tartaruga saiu do rio Amarelo durante os trabalhos de irrigação. As marcas no casco da tartaruga formavam um quadrado mágico perfeito (Figura 1F). Todos os sábios da época se interessaram por esse auspicioso evento, resultando de tudo isso a criação das primícias do feng shui, do I Ching, da Numerologia e da Astrologia chinesas.

Sul

	4	9	2	
Leste	3	5	7	Oeste
	8	1	6	

Norte

Figura 1F: O Quadrado Mágico

Figura 1G: A forma ba-guá de oito lados

Esse quadrado mágico também indicava as oito direções, que representavam diferentes aspectos da vida de uma pessoa. No fim, o quadrado mágico tornou-se uma figura de oito lados, conhecida como *ba-guá* (Figura 1G). Do ponto de vista do feng shui, as figuras de oito lados são especialmente positivas. Recentemente, fiquei num hotel em que todas as placas tinham a forma do ba-guá. Essa foi uma das muitas mudanças que esse hotel havia feito para melhorar seu feng shui.

Os oito aspectos da vida de uma empresa, colocados, por questões práticas, em forma de um quadrado, estão na figura 1H. São apresentadas também as oito direções, para que ele fique completo. Tradicionalmente, o sul era a melhor direção para a fachada de um prédio.

Sudeste		Sul		Sudoeste
	Abundância	**Sucesso**	**Felicidade**	
Leste	**Sabedoria**		**Prazer**	Oeste
	Família	**Trabalho**	**Novas Metas**	
Nordeste		Norte		Noroeste

Figura 1H: Os oito locais

Para usar o ba-guá no seu local de trabalho, você precisa saber para que direção está voltada a porta de entrada do seu prédio. Coloque então o ba-guá sobre a planta do edifício, e daí você pode interpretá-lo. Cada área tem um significado específico.

Abundância

O local da Abundância está situado no sudeste. Ele está relacionado com dinheiro e com o acúmulo de riquezas. É uma boa posição para o departamento de contabilidade de uma empresa, ou para o escritório do presidente.

Sucesso

O local do Sucesso fica no sul. Está relacionado com a reputação e posição da empresa. Conseqüentemente, é um bom lugar para o departamento de relações públicas. É também um bom lugar para o departamento de vendas, pois tudo o que o representante de vendas faz tem conseqüências diretas sobre a reputação da empresa.

Felicidade

O local da Felicidade está no sudoeste. Está relacionado com felicidade e satisfação. É uma boa posição para o presidente do conselho, ou para qualquer pessoa que não esteja diretamente envolvida na rotina diária da empresa.

Sabedoria

O local da Sabedoria está no leste. Essa área está relacionada com sabedoria, experiência e conhecimento. É um bom lugar para o escritório de um membro mais antigo da empresa, que tenha grande experiência no negócio.

Prazer

O local do Prazer fica no oeste. Está relacionado com divertimento, riso e felicidade. É um lugar ideal para a sala de almoço, para a área de recreação da empresa, ou para qualquer outra coisa que se relacione com divertimento e prazer.

Família

O local da Família está situado no nordeste. Está relacionado com o bem-estar dos funcionários. Esse seria um bom local para o departamento de recursos humanos.

Trabalho

O local do Trabalho está situado ao norte. Está relacionado com o planejamento e desenvolvimento de negócios. É uma boa posição para a sala de conferências.

Novas Metas

O local das Novas Metas está no noroeste. Está relacionado com novos começos e melhorias. É um bom lugar para o departamento de planejamento, e qualquer outra coisa que envolva o início de novos projetos.

Sorte

O centro do ba-guá é a área da Sorte. É chamado, algumas vezes, de centro espiritual, ou centro da alma. Essa área precisa estar sempre bem iluminada, para estimular a energia ch'i, que depois se espalhará por todos os cantos do prédio.

Talvez seja um exercício interessante colocar o ba-guá desse modo sobre a planta do seu edifício. Você poderá, por exemplo, descobrir que o departamento de vendas da sua empresa está no local do Prazer. Imagine só o que isso iria fazer com as vendas! Talvez você descubra que os banheiros estão na área do Sucesso ou do Trabalho.

É melhor, naturalmente, mudar o departamento para um local mais recomendável; quando isso não for possível, pode-se recorrer a outras soluções.

As Aspirações do Ba-guá

Até agora, o que fizemos com o ba-guá foi usar as direções indicadas pela bússola. Isso não é de se surpreender, pois o ba-guá tem um papel fundamental na Escola da Bússola do feng shui.

Existe, porém, outro ramo da Escola da Bússola, conhecido como Aspirações do Ba-guá, que não usa as direções da bússola. Não é de se admirar que as Aspirações sejam controversas, e muitos especialistas em feng shui não as utilizem. Aprendi a usá-las há muito tempo, em Hong Kong. Em Hong Kong, esse é um método muito popular de avaliação, e tem a vantagem de ser muito prático. Você pode fazer uma avaliação instantânea de qualquer prédio, sem precisar de uma bússola, sem conhecer qualquer direção.

Abundância	**Sucesso**	**Casamento**
Família		**Filhos**
Conhecimento	**Trabalho**	**Mentores**

A porta principal sempre fica deste lado do quadrado

Figura 1J: As Aspirações do Ba-guá

Assim como no método anterior, nas Aspirações do Ba-guá usa-se um quadrado mágico dividido em nove partes. Alguns locais, entretanto, têm significados diferentes (Figura 1J). Esses significados geralmente são usados para avaliar o ambiente doméstico e não empresas. É bem comum, entretanto, utilizá-los para a avaliação de escritórios particulares e de outras dependências de uma empresa.

O ba-guá é colocado sobre uma planta do prédio de tal modo que o lado onde estão os locais do Conhecimento, do

Trabalho e dos Mentores se alinhe com a parede do prédio onde se situa a porta principal. Por isso, não faz diferença nenhuma a direção para a qual está voltada a porta de entrada. Isso, é claro, significa que o local da Abundância, por exemplo, está sempre no canto esquerdo mais distante da entrada principal. A área dos Mentores está sempre no canto direito mais próximo da porta de entrada.

Quando usamos as Aspirações do Ba-guá para avaliar um escritório em particular, o lado onde se encontram os locais do Conhecimento, do Trabalho e dos Mentores se alinha com a parede onde se abre a porta principal do aposento. As Aspirações também podem ser usadas para avaliar algo bem pequeno, até mesmo do tamanho de uma escrivaninha. Nesse caso, o lado onde estão os locais do Conhecimento, do Trabalho e dos Mentores se alinha com o lado da escrivaninha onde a pessoa se senta.

Abundância

Está relacionada com dinheiro e finanças. Esse é um bom lugar para o escritório do contador ou do presidente. No Oriente, você encontrará, na posição da Abundância de muitas escrivaninhas, um pequeno prato de metal contendo moedas, para ativar essa área da vida da pessoa.

Sucesso

Está relacionado com a reputação e a posição da empresa na comunidade.

Casamento

Numa casa, esse é o melhor local para o dormitório principal. Entretanto, já que ele também se aplica aos relacionamentos em geral, pode-se relacioná-lo com a convivência entre os membros da equipe. Essa área pode ser ativada com uma solução do feng shui, caso você esteja diante de problemas como falta de motivação ou troca excessiva de funcionários.

Família e Saúde

Essa área está relacionada com a família num sentido mais amplo. Ela abrange as pessoas que você ama, e com as quais se preocupa. É um bom local para manter o armário de primeiros socorros.

Filhos

Essa área está relacionada com os jovens. É um bom local para o departamento de recursos humanos ou para qualquer departamento relacionado ao trato com jovens. Trabalhei, certa vez, numa grande empresa que enviava regularmente correspondência para escolas. A área dos Filhos é o lugar ideal para qualquer trabalho dessa natureza.

Conhecimento

Essa área está relacionada com a aprendizagem. No ambiente doméstico, é o lugar ideal para estudar e guardar livros.

Numa empresa, é um bom lugar para uma sala de treinamento de funcionários.

Trabalho

Essa área está relacionada com o progresso profissional. Caso a entrada principal esteja no meio da parede da frente, a área de Trabalho é a primeira a ser vista. Ela deve estar sempre bem iluminada e parecer convidativa e acolhedora.

Mentores

Mentores são aqueles que dão conselhos. Essa área é um bom local para uma sala de conferências, onde se pode pedir conselho a essas pessoas.

Sorte

A área central é conhecida como o centro da Sorte. Numa casa, é um bom local para colocar um lustre, pois isso atrairia um ch'i benéfico, que daí seria espalhado por toda a casa. No local do Trabalho, essa área também precisa ser estimulada. A melhor maneira de fazer isso seria aumentar a iluminação nessa parte do prédio.

As Aspirações do Ba-guá não se confinam dentro das paredes do prédio, mas estendem-se indefinidamente. Por isso, o melhor lugar para se buscar novos negócios (dinheiro) para a empresa seria na direção indicada pelo local da Abundância. Caso a entrada principal esteja no sul, por exemplo, a direção da prosperidade seria o noroeste.

A figura 1K mostra a planta de uma empresa atacadista de equipamento esportivo. Vamos dar uma olhada nessa empresa utilizando ambos os métodos examinados anteriormente.

Figura 1K: Avaliação de um depósito de mercadorias

Avaliação Utilizando o Ba-guá e as Direções da Bússola

A entrada principal está de frente para o norte. Isso significa que a sala do presidente e metade da sala do conselho estão localizadas na área da Abundância. Por acaso, no feng shui, o melhor local para o escritório do diretor-executivo seria o canto mais distante, numa linha diagonal, da porta de entrada. Esse local é perfeito e o presidente dessa empresa será capaz de se concentrar em fazer com que a empresa seja financeiramente o mais bem-sucedida possível.

O local do Sucesso inclui a metade da sala do conselho e parte do depósito. A localização da sala do conselho é boa, com a outra metade no local da Abundância e o restante na área do Sucesso. As reuniões feitas nessa sala devem ser extremamente produtivas. Seria uma boa idéia estocar as mercadorias com marcas de mais prestígio nessa parte do depósito, a fim de ajudar a reputação da empresa.

O local da Felicidade consiste principalmente nos departamentos de empacotamento e expedição e numa pequena parte do depósito. Essa área deve ser um lugar animado e feliz. Os funcionários terão disposição para cooperar e trabalharão bem em equipe. As pessoas que fizerem entregas ou retirarem mercadorias nessa área terão uma impressão muito boa da empresa.

O local da Sabedoria inclui o escritório do gerente de vendas, um terço do departamento de vendas e uma pequena parte do depósito. Dessa posição, o gerente de vendas pode dar conselhos bons e sadios, e é bem possível que esteja dando sua opinião em outras áreas além das vendas. Os vendedores mais experientes deveriam ocupar a parte do departamento de vendas que está no local da Sabedoria.

O local do Prazer inclui os escritórios do depósito e dos gerentes de expedição, bem como os dois banheiros. Os gerentes do depósito e da expedição talvez estejam passando tempo demais no escritório, e muito pouco tempo com seus subordinados. Eles devem estar satisfeitos com o trabalho deles, mas precisam de motivação constante para que saiam do escritório e se dediquem mais às áreas do depósito e da expedição.

Esse também não é um bom local para o banheiro, pois os funcionários ficariam inclinados a passar tempo demais nessa área.

O local da Família inclui dois terços do departamento de vendas, bem como o escritório do contador. É uma boa localização para o departamento de vendas. O pessoal de vendas estaria tratando todos os seus clientes como membros da família, cultivando uma boa relação com eles. Os vendedores também estariam se dando bem com os demais funcionários do departamento de vendas. É um local bem diferente para o escritório do contador. Esse contador estaria mais preocupado com pessoas do que com números. Os funcionários viriam até ele em busca de auxílio e conselho.

O local do Trabalho inclui a maior parte da contabilidade e metade da recepção. Os funcionários da contabilidade ficariam motivados a conseguir bons resultados. Eles também poderiam ter boas idéias para incentivar o crescimento da empresa. Essa companhia deveria ter uma caixa de sugestões em algum lugar, para encorajar os funcionários a escrever a respeito de suas idéias.

A metade da recepção também está no local do Trabalho. Qualquer troféu ou prêmio que a empresa tenha recebido deveria estar aí, assim como qualquer publicidade favorável.

O local das Novas Metas consiste principalmente na sala de funcionários, mas inclui também a outra metade da recepção. A equipe estaria tendo boas idéias, enquanto descansa na sala dos funcionários. Os gerentes teriam muito a ganhar se dessem ouvidos ao que os funcionários têm a dizer na atmosfera descontraída dessa sala.

Pode parecer um desperdício que uma parte da recepção esteja nesse local. Uma boa recepcionista, entretanto, receberia dos visitantes muitas idéias e sugestões valiosas, e deveria ser encorajada a anotá-las e a transmiti-las aos seus superiores.

A área da Sorte está no centro do depósito. Provavelmente essa é a melhor maneira de se utilizar essa área, pois a empresa é, afinal de contas, do ramo atacadista.

Avaliação de Acordo com as Aspirações do Ba-guá

É interessante notar que o escritório do presidente também está localizado no local da Abundância, quando analisamos a planta segundo as Aspirações do Ba-guá. Essa localização é perfeita, e é bem provável que o presidente seja uma pessoa entusiasmada e cheia de motivação. Também se inclui nesse local metade da sala do conselho, e o entusiasmo e animação ali também serão evidentes.

A área do Sucesso inclui metade da sala do conselho e parte do depósito. Isso é muito bom para a reputação da empresa.

A área do Casamento abrange os departamentos de empacotamento e expedição. As pessoas que trabalharem ali provavelmente farão amizade facilmente umas com as outras. É provável também que procurem fazer o mesmo com o resto da equipe.

A área da Família contém o escritório do gerente de vendas e um terço do departamento de vendas. É provável que o gerente de vendas esteja preocupado com o bem-estar de sua equipe, e lhe dará muito apoio, mesmo quando o volume de vendas estiver baixo.

A área dos Filhos abrange os banheiros e os escritórios dos gerentes do depósito e da expedição. Os dois gerentes achariam o escritório em que trabalham um lugar bastante confortável para entrevistar pessoas. Eles também achariam bem fácil lidar com os membros mais jovens do seu pessoal nesse local. Membros mais jovens da equipe, entretanto, talvez não permaneçam ali por muito tempo, uma vez que os banheiros também estão nessa área. No feng shui, água representa riqueza. Nos banheiros, a riqueza se escoa descarga abaixo. Em conseqüência disso, nesse local, a riqueza, significando novos talentos, iria, simbolicamente, descarga abaixo.

A área do Conhecimento inclui dois terços do departamento de vendas e o escritório de contabilidade. Os componentes da equipe de vendas estarão bem informados acerca dos produtos que vendem. Isso significa que falarão sobre eles com confiança e serão bem-sucedidos em seu trabalho. O contador também será muito capaz e versado em seu campo. Ele será capaz de dar aos membros do conselho pareceres valiosos a respeito das questões financeiras da empresa.

A área do Trabalho inclui a metade da recepção e a maior parte da contabilidade. Os funcionários desses departamentos terão muita motivação para progredir na carreira. Numa empresa de porte médio, que talvez não tenha cargos suficientes para satisfazer as ambições de todos os funcionários, isso poderia criar problemas.

A área dos Mentores abrange a sala dos funcionários e metade da área da recepção. Os funcionários aposentados talvez retornem uma vez ou outra, e, durante o almoço, conversem a respeito dos velhos tempos, dando sugestões para a equipe atual. Essa área talvez atraia uma pessoa mais velha, para receber as pessoas que visitam a empresa. Essa pessoa talvez goste de dar conselhos aos novos funcionários.

Naturalmente, a primeira dessas avaliações seria diferente, caso o edifício de alguma maneira fosse modificado. Se o prédio pudesse ser reformado de modo que a entrada principal ficasse do lado oeste, então a área da Riqueza estaria localizada nos departamentos de empacotamento e expedição. Utilizando, porém, as Aspirações do Ba-guá, o local da Abundância sempre estará no escritório do presidente, não importa de que lado esteja a porta principal.

Talvez seja um exercício interessante dar uma olhada na Figura 1H e colocar a entrada mentalmente em cada uma das oito direções, para ver que diferenças você encontraria. Você descobriria que algumas direções são bem mais favoráveis do que outras.

Capítulo 2

O Prédio

A maioria das pessoas não tem condições de escolher ou planejar o próprio prédio onde trabalha. É bem provável, porém, que você possa fazer algumas mudanças no seu ambiente, mudanças que podem tornar sua vida profissional mais agradável e gostosa.

Um conhecido meu é engenheiro orçamentista de uma grande construtora. Ele achava seu trabalho extremamente estressante e sofria de freqüentes dores de cabeça. Depois de fazer uma avaliação de seu escritório, consegui fazer algumas sugestões que tornaram seu trabalho menos estressante. Indiquei também um escritório nas adjacências, exatamente do mesmo tamanho, onde ele poderia se sentir bem melhor, e, quem sabe, ser mais bem-sucedido. A pessoa que ocupava esse escritório também não estava satisfeita, e ficou contente com a troca. Desde então, ambos passaram a achar a vida bem mais fácil, e estão conseguindo suportar as pressões constantes sem se estressar tanto.

Há pouco tempo, encontrei, numa de minhas palestras, um homem que acabara de voltar da Europa, onde ocupara um determinado cargo por dois anos. Ele havia sido bem feliz nessa posição, e não tinha a menor vontade de voltar.

Disse ser opressivo estar de volta ao escritório central, e que isso fazia com que ele se sentisse mal. Em Viena, nas proximidades da sua empresa, no meio de um parquinho, havia um grande chafariz. Ele não tinha nenhuma idéia de que os chafarizes têm algo a ver com o feng shui, mas persuadiu seu patrão a instalar um na frente do escritório central da companhia. Ele imediatamente se sentiu melhor trabalhando ali. A empresa, por sinal, também está indo muito melhor financeiramente.

As três regras de ouro da venda de imóveis são: localização, localização e localização. A localização de seu negócio é de uma importância vital para o sucesso. Além disso, essa localização varia de acordo com o tipo de negócio a que a empresa se dedica.

A maioria dos varejistas, por exemplo, precisa estabelecer a loja num lugar onde haja bastante movimento. Também é preciso que o estabelecimento seja bem visível da rua e tenha bastante espaço para estacionamento. Um cruzamento bem movimentado talvez seja o local perfeito para seu negócio. Talvez isso não seja tão importante para uma loja especializada, cuja freguesia está pronta a fazer um longo percurso para chegar até ela. Conheço um alfaiate muito bom em Long Beach, Califórnia, cuja loja fica numa ruazinha secundária. Seus clientes, entretanto, estão dispostos a viajar centenas de quilômetros para vê-lo, devido à qualidade de seu trabalho. Por causa de sua habilidade e perícia, ele pode ficar onde quer.

Alguém que trabalhe num escritório também gostará de ter um estacionamento conveniente e fácil, mas talvez não precise estar na parte mais cheia e movimentada da cidade. Um lugar mais calmo, em uma ruazinha lateral, talvez seja perfeito.

As fábricas deveriam ficar na zona industrial, e ter espaço para se expandir. Nessa localização, haveria menos problemas com barulho, lixo e trânsito. A carga e descarga de caminhões fica também mais fácil.

Você tem sorte se puder escolher um local para construir. Olhe para os prédios e para a paisagem ao redor de qualquer terreno em potencial. Procure pelo símbolo do dragão e do tigre. Geralmente eles são compostos pelos prédios vizinhos. Caso haja algum córrego por perto, assegure-se de que ele esteja na frente de sua porta principal. Se o córrego está atrás do seu prédio, é um sinal de que você ficará atento para oportunidades financeiras, mas não vai ser capaz de tirar proveito delas. O ideal seria que o córrego fosse calmo e serpenteante. Seu arquiteto deve planejar o prédio de tal forma que você possa ver o máximo de água possível.

É também possível colocar um laguinho ou chafariz na frente do prédio. Isso cria o ch'i e atrai riqueza. Century City, em Los Angeles, é um grande exemplo disso. Os chafarizes da avenida das Estrelas tiveram um papel muito importante na atração de ch'i e de riqueza para essa área.

Também é importante que o edifício esteja de costas para uma colina. Quando os fundos do seu prédio dão para uma colina ou para outros prédios, você pode ter o apoio deles. Entretanto, se você está de frente para eles, ficará privado de sorte e suas expectativas comerciais podem ficar estagnadas ou paralisadas. Você deveria ter as costas sempre protegidas pelo dragão e pelo tigre simbólicos. Ofereceram a um conhecido meu, um contador, uma locação gratuita de três meses, para incentivar o aluguel do 34º andar de um edifício. Era um local de prestígio, e ele aproveitou a oportunidade. Seus escritórios tinham uma vista gloriosa para a cidade toda, em todas as direções. Infelizmente, porém, isso queria dizer que suas costas estavam sem proteção nenhuma (Figura 2A). A empresa dele sofreu e ele foi forçado a vender sua casa para saldar a dívida. Agora ele está trabalhando no 8º andar de um edifício de menor prestígio, e seus negócios estão indo bem. Suas costas estão protegidas por edifícios mais altos, e seus escritórios têm vista para o cais. No início, ele achou difícil entender por que seu negócio podia ser mais bem-sucedido estando numa posição bastante inferior à do edifício. Ele me disse: "Eu só estava esperando a hora de levar um golpe. Eu parecia uma planta que cresceu demais e fica esperando para ser podada." Inclusi-

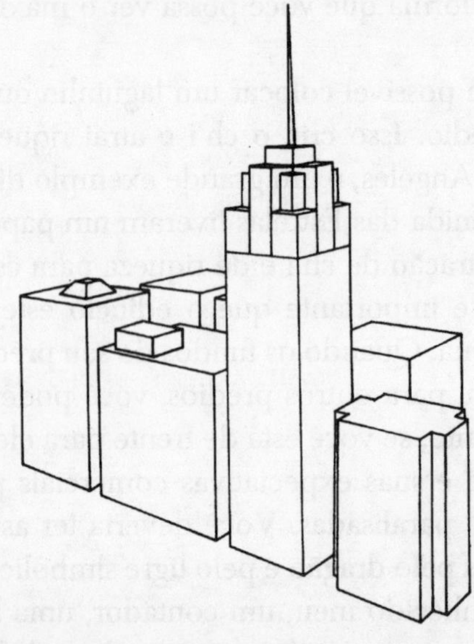

Figura 2A: Um edifício desprotegido

ve, no novo lugar, meus clientes sentem que vão receber mais pelo preço que estão pagando.

Na verdade, ele cobra exatamente o mesmo, mas seu novo local de trabalho dá a impressão de que ele está fazendo mais pelo mesmo preço.

O edifício deve estar em harmonia e equilíbrio com os prédios já existentes. É mau feng shui trabalhar num prédio que seja muito maior ou muito menor do que os vizinhos (Figura 2B). Você pode ver exemplos disso nas áreas industriais de qualquer cidade grande.

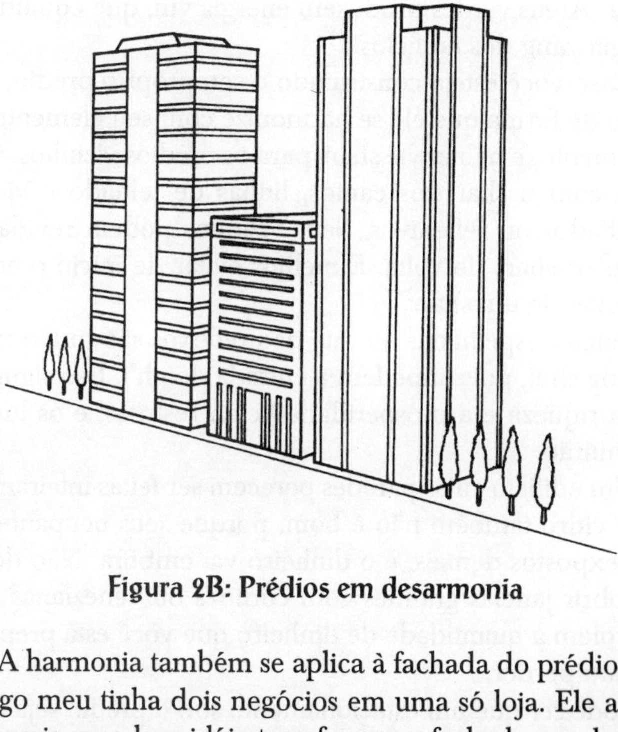

Figura 2B: Prédios em desarmonia

A harmonia também se aplica à fachada do prédio. Um amigo meu tinha dois negócios em uma só loja. Ele achou que seria uma boa idéia transformar a fachada em duas lojas separadas, uma para cada empreendimento. O resultado, entretanto, foi um desastre, e seu lucro caiu alarmantemente. Seus negócios só se recuperaram quando ele voltou a transformar as duas lojas em uma só. A razão disso foi o fato de que uma única fachada tinha mais ou menos o mesmo tamanho do que as outras fachadas do quarteirão, quer dizer, todas estavam em harmonia. Quando ele dividiu a loja em duas, ainda que continuasse com as duas, simbolicamente seus vizinhos se beneficiaram, e ele perdeu.

Assegure-se de que sua vizinhança é harmoniosa, com parques ou outros espaços abertos onde o ch'i possa se acumular. Áreas verdes produzem energia yin, que equilibra a energia yang dos edifícios.

Caso você esteja construindo o seu próprio prédio, planeje-o de forma que ele se harmonize com seu elemento de nascimento, e não envie shars para os prédios vizinhos. Cuidado com o shar dos cantos, linhas de telhado e vidros espelhados ou reflexivos. Seus vizinhos podem revidar, e enviar os shars de volta. É melhor evitar de início o envio acidental de um shar.

Janelas espelhadas ou que dão reflexos são muito ruins no feng shui, pois impedem a entrada do ch'i. Isso significa que a riqueza e a prosperidade ficam restritas, e os lucros diminuirão.

Um edifício cujas paredes parecem ser feitas inteiramente de vidro também não é bom, porque seus ocupantes ficam expostos demais, e o dinheiro vai embora. Não deixe de cobrir janelas grandes com cortinas ou venezianas que controlem a quantidade de dinheiro que você está preparado para perder.

Pode ser que um estacionamento sob o prédio seja conveniente, mas isso, do ponto de vista do feng shui, não é bom, especialmente se a garagem for aberta ao público. A atividade de todos aqueles carros pode enfraquecer gradativamente os negócios que funcionam sobre a garagem.

Do ponto de vista do feng shui, edifícios de formato simétrico são melhores do que os de formato irregular; edifícios quadrados, oblongos, redondos e em forma de ba-guá (com oito lados) são todos bons. Prédios em forma de cruzes ou triângulos são considerados ruins. A meta é a harmonia, claro, e seu prédio pode ter o formato que você quiser, desde que seja esteticamente agradável e não esteja enviando shars prejudiciais aos vizinhos.

Os prédios se relacionam com os cinco elementos exatamente como as montanhas. O ideal seria que o prédio no qual você trabalha se harmonizasse com o seu elemento pessoal. Felizmente, há diversas coisas que você pode fazer, caso trabalhe num prédio que não se harmoniza com seu elemento pessoal.

Fogo

Formato: Triangular

Prédios do elemento fogo contêm ângulos agudos e telhados pontiagudos ou em forma de agulha. A pirâmide no Louvre de Paris é um exemplo perfeito de um edifício do elemento fogo e harmoniza-se maravilhosamente com o formato mais tradicional do elemento água, que é o Louvre. Esse não é o melhor prédio de trabalho para pessoas do elemento metal, mas é excelente para pessoas do elemento terra. Se você pertence ao elemento metal, mas precisa trabalhar num edifício do elemento fogo, precisará de algo que represente o elemento terra, para remediar a situação. Pode ser um objeto pequeno, de barro ou porcelana, assim como também alguma coisa amarela ou laranja.

Terra

Formato: Quadrado

Os prédios do elemento terra são baixos e planos, com telhados planos. Muitos prédios de escritórios e apartamentos pertencem ao elemento terra. Algumas casas pertencem tanto ao elemento terra quanto ao fogo, porque a casa é quadrada, mas o telhado é inclinado. Prédios do elemento terra são excelentes para armazenamento. Esses prédios não são bons para pessoas nascidas sob o elemento água, mas são ideais para pessoas do elemento metal. Se você pertence ao elemento metal, e precisa trabalhar num prédio do elemento terra, precisará ter algo em seu lugar de trabalho que pertença ao elemento metal. Qualquer coisa feita de metal, preferivelmente prata ou ouro, ou um objeto branco, pode ser a solução.

Metal

Formato: Circular, redondo

Prédios que tenham um teto abobadado, telhados curvilíneos e arcos são considerados pertencentes ao elemento metal. Prédios do elemento metal são geralmente construídos com um propósito religioso ou cívico. O metal está fortemente relacionado com o dinheiro; portanto, não é de se surpreender que muitos bancos tenham um teto arredondado. O famoso Museu Guggenheim, de Nova York, é um exemplo excelente de um prédio do elemento metal, com suas graciosas curvas e aparência circular. Os prédios do elemento metal não são apropriados para pessoas do elemento madeira, mas são excelentes para pessoas do elemento água. Se você pertence ao elemento madeira, mas precisa trabalhar num prédio do elemento metal, precisará algo que se relacione com o elemento água na sua área de trabalho. Um aquário, chafariz ou qualquer coisa que seja azul ou preta serão uma boa solução.

Água

Formato: Quadrado, plano

A água se amolda a qualquer formato, e prédios do elemento água ondulam e muitas vezes parecem ser uma mistura dos outros quatro elementos. A Casa do Parlamento de Londres é um bom exemplo do elemento água. Prédios do elemento água não são apropriados para pessoas do elemento fogo, mas são excelentes para pessoas do elemento madeira. Se você pertence ao elemento fogo, mas precisa trabalhar num prédio do elemento água, qualquer coisa feita de madeira natural, ou de cor verde, servirá como solução. Vasos de plantas e flores frescas são um bom exemplo de objetos a serem colocados no seu local de trabalho.

Madeira

Formato: Colunar, retangular

Prédios do elemento madeira são altos e retangulares. Geralmente têm telhados planos. A maioria dos arranha-céus pertence ao elemento madeira. Monumentos comemorativos em forma de pilar, torres de controle, obeliscos e outras estruturas altas e estreitas pertencem ao elemento madeira. O Monumento a Washington é um exemplo excelente de prédio do elemento madeira. Prédios do elemento madeira não são apropriados para pessoas do elemento terra, mas são ideais para pessoas nascidas sob o elemento fogo. Se você pertence ao elemento terra, mas precisa trabalhar num prédio do elemento madeira, qualquer coisa que pertença ao elemento fogo é uma boa solução. Um objeto vermelho pequeno e bonito seria o ideal.

Depois de descobrir em que tipo de prédio você trabalha, você pode avaliá-lo ainda mais. Coloque um ba-guá sobre a planta, e assegure-se de que todas as funções importantes do seu negócio estão situadas nos locais mais apropriados para elas. Por exemplo, você não gostaria de ter os banheiros no local da Abundância, ou seu pessoal de vendas no local do Prazer. Esses são exemplos extremos, é claro, mas se você está construindo seu próprio prédio, poderá usar bastante o feng shui durante os estágios de planejamento.

A maioria de nós não tem a possibilidade de planejar e construir o próprio prédio, e precisa encontrar um edifício já construído no qual trabalhar. Nesse caso, os mesmos critérios se aplicam. Além de examinar o prédio que você está pensando em alugar, examine também os edifícios vizinhos, para ver que efeitos, se existe algum, eles têm sobre o prédio que você pretende alugar. Existe uma solução para a maioria dos casos. Entretanto, se a superfície espelhada de um prédio das vizinhanças está enviando um clarão ofuscante em direção ao seu local de trabalho, talvez seja melhor procurar outro prédio, porque é muito difícil eliminar esse tipo de shar.

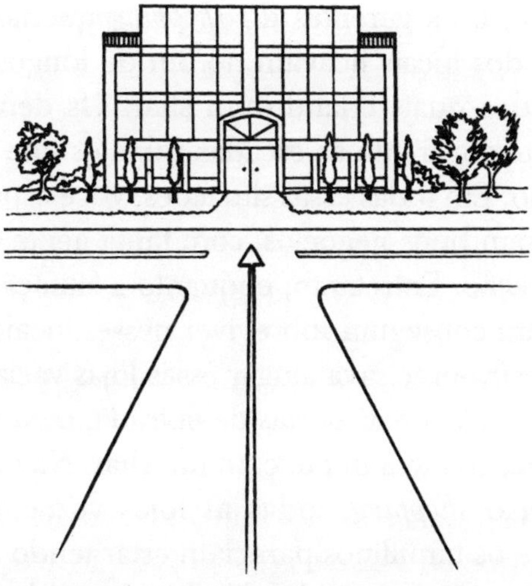

Figura 2C: Prédio num cruzamento em forma de T

Se você está pensando em alugar uma loja, assegure-se de que todas as lojas do quarteirão têm fachadas mais ou menos do mesmo tamanho.

Evite abrir um negócio num cruzamento em forma de T (Figura 2C). Talvez você ache que isso beneficiaria sua empresa, por estar num local de grande movimento; mas, na realidade, um shar é um desastre em potencial. Talvez leve algum tempo, mas, no fim, seu negócio vai ser prejudicado. Esse local é especialmente ruim se o shar estiver apontando diretamente para a sua porta principal.

Algum tempo atrás, eu estava trabalhando como consultor de feng shui num grande *shopping center*. Era um *shopping* muito bem-sucedido, mas várias lojas sempre estavam em dificuldade, e os gerentes do *shopping* queriam saber por quê. Três dos locais ficavam no fim de longos corredores, cada um dos quais criando um shar. Os demais estavam exatamente em frente às escadas rolantes que desciam em sua direção. Em todas essas situações, você esperaria que as lojas fizessem bons negócios, com tanta gente caminhando na sua direção. Entretanto, enquanto a situação durou, negócio algum conseguiu sobreviver nesses locais.

O *shopping* precisava alugar essas lojas vazias e mudar o lugar onde estavam as portas de entrada, para que não estivessem mais frente a frente com um shar. Na última vez em que visitei o *shopping*, todas as lojas vazias tinham sido alugadas, e os inquilinos pareciam estar tendo sucesso.

Muitos negócios estão localizados em prédios comerciais, que são ladeados por uma faixa de terreno. Esse terreno deveria ser sempre ajardinado, para que houvesse equilíbrio entre a energia yin e a yang. Essa área também deveria ser um local agradável onde os funcionários e os visitantes pudessem se sentar ou dar um passeio durante as horas de folga. Um laguinho ou chafariz na frente do prédio é um bom feng shui. Gera ch'i positivo, e ajuda a aumentar a prosperidade. Um regato artificial significa abundância, e pode ser muito útil. Assegure-se de que ele seja sinuoso, e não reto. Como você sabe, linhas retas criam shars, então, qualquer caminho ou vereda deve fazer curvas ou serpentear.

Números, Nomes e Placas

O número do seu endereço comercial também é importante. Cada número tem um significado, que pode ser interpretado. É interessante notar que os significados dados pelo feng shui não têm muito a ver com a numerologia tradicional, ainda que ambas as disciplinas derivem da tartaruga saída do rio Amarelo, há milhares de anos.

Os chineses se divertem com homônimos, que vêm a ser palavras com o mesmo som mas com significados diferentes. Por exemplo, as palavras cantonesas "quatro" e "morte" têm o mesmo som. Em conseqüência disso, os chineses evitam o número quatro em casa e no trabalho, porque ele lembra morte. O "dois" tem o mesmo som de "fácil". Portanto, caso o seu prédio de negócios tenha o número 24, o endereço soa como "morte fácil". A palavra "oito" soa como "prosperidade", que está de perfeito acordo com a interpretação numerológica do oito, que vem a ser "dinheiro num futuro próximo". Isso significa que o número 28 é um bom endereço, porque significa "dinheiro fácil".

No feng shui, os números são interpretados separadamente. Na numerologia, os números geralmente são somados e depois reduzidos a um só dígito. Isso quer dizer que o número 174 seria interpretado como um 3 na numerologia, porque 1 + 7 + 4 = 12, e 1 + 2 = 3. Entretanto, no feng shui, interpretamos cada número individualmente. E, por acaso, 174 não é uma boa combinação no feng shui, porque soa como "todos morrendo juntos".

O número Um está relacionado com o elemento água. Não tem um significado específico, mas é considerado um número extremamente positivo.

O número Dois está relacionado com o elemento terra. É um dos números de azar, e está relacionado com má saúde.

O número Três está relacionado com o elemento madeira. É associado a conflitos, *stress*, ira e discórdia.

O número Quatro está relacionado com o elemento madeira. Está relacionado com amor, sexo e conhecimento.

O número Cinco está relacionado com o elemento terra. É o outro número de azar, e está relacionado com desgraça e opressão.

O número Seis está relacionado com o elemento metal. É um número muito positivo, que está relacionado com conservação de dinheiro.

O número Sete está relacionado com o elemento metal. Significa prosperidade, e também está relacionado com comunicação e espiritualidade.

O número Oito está relacionado com o elemento terra. É considerado o número mais positivo, e está relacionado com prosperidade num futuro próximo.

O número Nove está relacionado com o elemento fogo. É um número extremamente positivo, que representa sorte e sucesso futuro.

Tudo isso fica ainda mais complicado, porque os chineses usam as interpretações numerológicas tradicionais e as do feng shui. Na verdade, muitos chineses não estão familiarizados com os significados do feng shui, e ficam surpreendidos ao descobrirem que o número dois, por exemplo, é um número negativo, pois eles o interpretam como sendo "fácil".

Os números do feng shui também são utilizados para criar placas de número personalizadas, de bom auspício, para carros e empresas. No Oriente, até mesmo os dígitos finais dos números de telefone e cartões de crédito são examinados cuidadosamente, para que sejam favoráveis. Bancos e companhias telefônicas estão acostumados com pessoas que pedem para mudar de número, porque acham que determinados dígitos serão mais bem-sucedidos.

No Oriente, o nome da empresa também passa por uma avaliação cuidadosa. O número de traços em cada caractere do nome da empresa é, tradicionalmente, somado e interpretado. Um caractere formado por um número par de pinceladas seria classificado como yin, enquanto que um número ímpar de pinceladas seria classificado como yang. O ideal seria ter um número aproximadamente igual de elementos yin e yang no nome. O primeiro caractere em cada palavra que forma o nome da empresa estaria relacionado com um dos cinco elementos. Naturalmente, deveria haver um equilíbrio entre os elementos, e foram criados nomes usando o Ciclo Criativo dos Elementos.

Coloca-se também uma grande ênfase nas placas suspensas que fazem propaganda da empresa. Leva-se em consideração o equilíbrio entre yin e yang ao determinar o tamanho da placa. Se um lado consiste num número ímpar de centímetros, o outro lado deve ser par, para que haja equilíbrio entre yin e yang.

A placa deve ser, naturalmente, agradável aos olhos, e não deve criar nenhum shar. Não deve ser nem muito grande, nem muito pequena, com relação ao tamanho do prédio no qual está suspensa. Não deve bloquear nenhuma janela ou porta, nem fazer sombra sobre as mesmas. Os melhores formatos são o quadrado, o oblongo, o ba-guá ou o redondo. Formatos triangulares não são apropriados, porque o triângulo simboliza o elemento fogo, que é potencialmente perigoso. Isso ocorre especialmente se a vértice do triângulo está apontando para baixo. A mensagem na placa deve ser clara e fácil de ser entendida. Em outras palavras, a placa deve ser agradável aos olhos e chamar atenção para o negócio.

Placas de néon bem coloridas são boas, porque a luz atrai o ch'i. Você não passa mais do que cinco minutos em Las Vegas ou na área de Ginza, em Tóquio, sem se dar conta do poder incrível da luz de néon. À noite, essas luzes brilhantes salientam e promovem a prosperidade.

O esquema de cores usado na placa deve incluir a cor relacionada com o elemento pessoal do dono da empresa. Todas as outras cores devem estar em harmonia com essa cor, segundo o Ciclo Criativo dos Elementos. Tradicionalmente, utilizava-se sempre um número ímpar de cores. Diz-se que placas com três ou cinco cores são as ideais, porque isso significa crescimento e prosperidade nos negócios. Uma placa contendo um número par de cores não é auspiciosa ou eficaz para atrair clientes.

As combinações de cores mais bem-sucedidas contêm os seguintes elementos:

Água, Madeira, Fogo (Azul ou Preto, Verde, e Vermelho)

Madeira, Fogo, Terra (Verde, Vermelho e Amarelo, ou Marrom)

Fogo, Terra, Metal (Vermelho, Amarelo ou Marrom, e Branco, Prata ou Ouro)

Terra, Metal, Água (Amarelo ou Marrom, Branco, Prata ou Ouro, e Azul ou Preto)

Metal, Água, Madeira (Branco, Prata ou Ouro, Azul ou Preto, e Verde)

A escolha das cores não é tão importante, caso o prédio pertença a alguém ausente. Muitas pessoas crêem, porém, que o elemento pessoal do dono da empresa ainda assim deveria estar representado. A seguir estão as cores que se relacionam com as oito direções para as quais a placa poderia estar voltada:

Norte: amarelo, branco e vermelho, ou branco, vermelho e verde.

Nordeste: amarelo, branco e vermelho, ou branco, vermelho e verde, ou vermelho.

Leste: azul ou preto, verde e vermelho, ou verde, vermelho, e branco ou ouro.

Sudeste: branco ou ouro, vermelho, e verde.

Sul: branco ou ouro, verde, e amarelo, ou branco ou ouro, amarelo, e vermelho.
Sudoeste: branco ou ouro, vermelho e amarelo, ou branco ou ouro, verde, e vermelho.
Oeste: branco ou ouro, azul ou preto, e amarelo, ou amarelo, branco ou ouro e vermelho.
Noroeste: vermelho, amarelo e branco ou ouro.

Algumas cores ficaram fortemente associadas com um certo tipo de negócio. Ouro e vermelho estão, na maioria das vezes, associados com restaurantes chineses, por exemplo. Isso porque o vermelho significa boa sorte e o dourado significa dinheiro. O vermelho, entretanto, também está relacionado com o elemento fogo, e é necessário fogo, ou calor, para cozinhar os alimentos. Muitas joalherias usam o branco, porque essa cor se relaciona com o elemento metal.

Muitas placas incluem o logotipo da companhia ou seu emblema. Isso deveria ser feito com cuidado. É melhor tirar o logotipo da placa se ele tem triângulos, cruzes ou flechas apontadas para baixo.

Capítulo 3

A Entrada Principal

A primeira coisa que alguém vê, ao visitar seu local de trabalho, é o prédio em si e o terreno em volta. Espera-se que isso crie uma impressão positiva. Se você tem jardins do lado de fora, assegure-se de que estejam bem cuidados e pareçam atraentes. Árvores, arbustos e flores criam ch'i positivo, o que pode beneficiar seu negócio. As árvores também podem dar proteção contra shars vindos de vizinhos. Um chafariz ou laguinho na parte da frente da empresa também pode criar ch'i e estimular a prosperidade e o sucesso.

O caminho que leva à entrada principal deve ser bem conservado, e a própria entrada deve parecer convidativa. O ideal seria que o caminho que leva à entrada fosse curvo ou sinuoso, porque um caminho reto, levando direto à porta da frente, cria um shar.

Assegure-se de que não há nenhum shar atingindo a porta de entrada. Examine as formas dos telhados vizinhos e todas as linhas retas ou ângulos agudos que possam estar direcionados à sua porta da frente. Procure qualquer shar que possa estar dentro da sua propriedade. Uma árvore solitária, por exemplo, bem em frente da porta de entrada, pode ser um shar. Isso acontece principalmente caso algum galho esteja apontando diretamente para a porta. Corrija ou bloqueie todos os shars que puder. Talvez você possa, por exemplo, transformar um caminho reto num caminho sinuoso. Pode-se utilizar um espelho, para refletir de volta outros shars. Lembre-se, se você não pode ver um shar, ele deixa de existir. Uma cerca ou divisória talvez sejam necessárias para eliminar os problemas causados por um shar.

Você pode decidir colocar figuras de leões ou outros animais, feitos de pedra ou metal, ao lado de sua entrada principal, para proteger simbolicamente o prédio. O Banco Hongkong & Shangay, em Hong Kong, tem dois grandes leões de bronze, Stephen e Stitt, guardando a porta principal do banco. Quando o novo prédio do banco foi inaugurado, foram usados dois guindastes para colocar os dois leões ao mesmo tempo em posição, para impedir que um ficasse com ciúme do outro.[1]

A porta deve ser proporcional ao tamanho do prédio. A porta principal é o lugar mais importante de entrada do ch'i no edifício. Uma entrada pequena demais restringirá a quantidade de ch'i que entra. E, ao contrário, uma entrada grande demais deixará a riqueza sair.

Há muitos anos, o Banco Hang Seng foi incorporado ao Banco Hongkong, em Hong Kong. O primeiro, que já fora o segundo maior banco de Hong Kong, havia falido porque a entrada do escritório principal parecia uma enorme boca incapaz de se fechar. Em conseqüência disso, todo o dinheiro estava escapando.[2]

A entrada principal deve ser bem iluminada e fácil de ser vista. Algumas vezes, é difícil determinar qual é a entrada principal. Se os visitantes têm dificuldade para determinar qual entrada devem utilizar, o ch'i também vai passar pelo mesmo problema.

Talvez você tenha um estacionamento subterrâneo ou uma área de estacionamento que leve a uma entrada lateral, em vez da principal. Não há nenhum problema quanto a isso, desde que os visitantes não tenham problemas para encontrar o saguão de entrada, depois que estiverem dentro do prédio.

Caso seja possível, a porta da frente deve ficar na direção mais favorável ao proprietário do negócio. Essas direções se baseiam no ano de nascimento da pessoa.

Melhores Direções para os Homens, de Acordo com o Ano de Nascimento

Norte: 1918, 1927, 1936, 1945, 1954, 1963, 1972, 1981, 1990, 1999

Nordeste: 1911, 1920, 1929, 1938, 1947, 1956, 1965, 1974, 1983, 1992

Leste: 1916, 1925, 1934, 1943, 1952, 1961, 1970, 1979, 1988, 1997

Sudeste: 1915, 1924, 1933, 1942, 1951, 1960, 1969, 1978, 1987, 1996

Sul: 1910, 1919, 1928, 1937, 1946, 1955, 1964, 1973, 1982, 1991

Sudoeste: 1914, 1917, 1923, 1926, 1932, 1935, 1941, 1944, 1950, 1953, 1959, 1962, 1968, 1971, 1977, 1980, 1986, 1989, 1995, 1998

Oeste: 1912, 1921, 1930, 1939, 1948, 1957, 1966, 1975, 1984, 1993

Noroeste: 1913, 1922, 1931, 1940, 1949, 1958, 1967, 1976, 1985, 1994

Melhores Direções para as Mulheres, de Acordo com o Ano de Nascimento

Norte: 1914, 1923, 1932, 1941, 1950, 1959, 1968, 1977, 1986, 1995

Nordeste: 1912, 1918, 1921, 1927, 1930, 1936, 1939, 1945, 1948, 1954, 1957, 1963, 1966, 1972, 1975, 1981, 1984, 1990, 1999

Leste: 1916, 1925, 1934, 1943, 1952, 1961, 1970, 1979, 1988, 1997

Sudeste: 1917, 1926, 1935, 1944, 1953, 1962, 1971, 1980, 1989, 1998

Sul: 1913, 1922, 1931, 1940, 1949, 1958, 1967, 1976, 1985, 1994

Sudoeste: 1924, 1933, 1942, 1951, 1960, 1969, 1978, 1987, 1996

Oeste: 1911, 1920, 1929, 1938, 1947, 1956, 1965, 1974, 1983, 1992

Noroeste: 1919, 1928, 1937, 1946, 1955, 1964, 1973, 1982, 1991

Outra maneira de escolher o local correto da entrada principal da sua empresa seria utilizar o elemento de seu ano de nascimento.

Se o seu elemento é **fogo**, a melhor direção para sua porta principal é sul.

Se o seu elemento é **terra**, as melhores direções para sua porta principal são sudoeste e nordeste.

Se o seu elemento é **metal**, as melhores direções para sua porta de entrada são oeste e noroeste.

Se o seu elemento é **água**, a melhor direção para sua porta de entrada é norte.

Se o seu elemento é **madeira**, as melhores direções para sua porta de entrada são leste e sudeste.

Você pode usar essa informação para analisar a entrada de seu atual local de trabalho, e ver se o ch'i do prédio está de acordo com o seu ch'i pessoal. Você deve se lembrar de que há um Ciclo da Destruição (o fogo derrete o metal, o metal corta a madeira, a madeira enfraquece a terra, a terra seca a água). Existe também um ciclo de enfraquecimento (o fogo destrói a madeira, a madeira drena a água, a água enferruja o metal, o metal vem da terra, a terra apaga o fogo).

Em conseqüência disso, caso o seu elemento seja o fogo, oeste e noroeste são direções ruins para a sua porta de entrada (porque elas pertencem ao elemento metal). Do mesmo modo, leste e sudeste também são ruins (porque o fogo destrói a madeira).

Entretanto, tanto sudoeste quanto nordeste são boas direções para você, porque a terra vem do fogo no Ciclo Criativo dos Elementos (o fogo produz a terra, a terra provê o metal, o metal liquidifica, a água nutre a madeira, a madeira queima e cria o fogo).

Sua carreira progredirá sem tantos problemas se você examinar as entradas principais das empresas em que trabalha, antes de aceitar um emprego.

Para complicar ainda mais o assunto, os antigos chineses acreditavam que era melhor orientar a entrada principal para o sul ou o sudeste. Isso porque eles achavam que o sul indicava que a boa sorte fluiria para o negócio. O sudeste era ainda mais propício, porque eles achavam que isso indicava riqueza fluindo para o negócio. Em conseqüência disso, é melhor levar em conta essas considerações, ao decidir que direção lhe parece melhor. É importante lembrar que uma entrada principal sem shars é melhor do que uma entrada principal voltada para a direção correta, mas ameaçada por shars.

Em Hong Kong, é comum ver-se uma porta de entrada colocada num ângulo com relação à rua, pois isso assegura que a entrada seja favorável ao dono da empresa.

Portas giratórias são consideradas um bom feng shui, porque não enviam shars para os prédios vizinhos.

As portas da frente devem se abrir para dentro, para estimular o ch'i a entrar. Portas de incêndio e de emergência deveriam, naturalmente, se abrir para fora, para deixar sair o ch'i. Tenho visto muitas empresas que têm duas portas de entrada. Uma se abre para fora, para cumprir com os regulamentos municipais, e a segunda se abre para dentro, para estimular o ch'i a entrar.

É importante que a porta dos fundos não esteja em linha reta com a da frente. Quando as portas estão alinhadas, todo o ch'i que entra pela porta da frente sai imediatamente pela porta dos fundos. Uma boa solução para esse problema seria colocar um biombo, de modo que não se possa ver a porta dos fundos da porta da frente.

O saguão de entrada deve ser bem iluminado e parecer espaçoso. Caso seja pequeno, um espelho grande pode fazê-lo parecer simbolicamente duas vezes maior. O saguão deve também parecer convidativo. Toda empresa precisa de clientes, e quanto mais convidativa for a área da entrada, mais provável será que as pessoas entrem no prédio.

Um saguão grande é muito melhor do que um pequeno. O saguão represa o ch'i positivo, antes de espalhá-lo pelo prédio. Um saguão grande pode represar muito mais ch'i do que um pequeno. Todo esse ch'i positivo também impede a entrada do ch'i negativo.

Caso a recepcionista fique no saguão, ela não deve estar de frente para a porta, porque isso pode intimidar os visitantes.

Do ponto de vista do feng shui, não é bom que as escadas rolantes e elevadores estejam bem em frente da entrada principal, pois isso confunde o ch'i. Muito ch'i se perde ou se dissipa numa situação assim. É melhor que as escadas rolantes e elevadores fiquem em ângulo com relação à entrada.

O exemplo mais famoso disso talvez seja o escritório principal do Banco Hongkong & Shangay, no qual a posição das escadas rolantes foi alterada para que as escadas ascendentes pudessem estimular a entrada de mais dinheiro no banco. Mudaram-se também as escadas rolantes "para baixo", a fim de impedir que o dinheiro saísse do negócio.

O saguão contém várias indicações sobre você e sua empresa. O esquema de cores, a iluminação, os objetos de decoração, a temperatura e o cheiro transmitem informações aos seus clientes em potencial. Todos nós recebemos informações desse tipo, o tempo todo, muitas vezes sem nem nos darmos conta. Será que a sua impressão seria a mesma, ao entrar em um saguão espaçoso, cintilante e bem iluminado, e ao entrar em um saguão escuro, sombrio, com cheiro de mofo? É claro que não.

Há alguns anos, meu dentista se aposentou, e tive de procurar outro. Um colega de trabalho me recomendou alguém, e decidi fazer uma visita a esse novo dentista. O consultório dele ficava num velho edifício que deveria ter sido condenado. O saguão era mal iluminado e tinha um cheiro rançoso. Não cheguei nem mesmo a subir, porque já havia perdido totalmente a confiança em alguém que tinha um consultório num local tão sórdido.

Alguns dias depois, contei minha experiência à pessoa que me havia recomendado o dentista. Meu colega disse: "Você deveria ter subido. O consultório é muito agradável."

Talvez isso até fosse verdade, mas o saguão era tão desagradável, que nem subi para saber mais a respeito do dentista. Seria interessante saber quantos clientes em potencial ele já perdeu, ao longo dos anos, devido às condições da sua entrada principal.

É claro que uma quitanda de frutas e verduras e uma joalheria luxuosa utilizariam métodos diferentes para atrair fregueses. Uma firma de advocacia ou de contabilidade procurará passar uma impressão de sucesso e estabilidade para os que entram. Uma fábrica talvez tente dar a impressão de atividade e sucesso. A imagem é muito importante, e você só tem uma oportunidade para dar uma boa primeira impressão. O dentista que pensei visitar obviamente não sabia disso.

Talvez possa parecer que um estabelecimento atacadista seja o único negócio cuja entrada não precisa ter uma aparência agradável. Afinal de contas, que diferença poderia fazer uma mudança na aparência da entrada de uma fábrica? A maioria dos fregueses nunca visita a fábrica. Mas mesmo que freguês nenhum apareça, a aparência da porta principal ainda é importante. A frente do prédio é como o rosto, e a porta como a boca. Queremos que entre o máximo de ch'i possível boca adentro, a fim de beneficiar os que estão trabalhando. Também queremos que o ambiente de trabalho seja o mais agradável possível, para assegurar a felicidade e a saúde de todos os trabalhadores. Quando o feng shui é bom, os trabalhadores produzem mais, e se sentem também mais satisfeitos e felizes.

Uma loja de varejo, obviamente, precisa atrair o máximo possível de pessoas. Muitos outros tipos de negócios limitam a quantidade de pessoas que entram. Um atacadista, por exemplo, talvez não permita a entrada do público. Outros negócios atendem pessoas apenas com hora marcada.

Não faz diferença alguma o tipo de cliente que você quer atrair. Sua porta de entrada precisa ser bem cuidada, para encorajar tanto o ch'i quanto os clientes.

Capítulo 4

O Planejamento do Espaço Interno

O planejamento do espaço interno da empresa deve visar o perfeito funcionamento de todos os departamentos essenciais da mesma. Descobri que ajuda bastante imaginar que sou a energia ch'i, querendo invadir cada parte do prédio. Às vezes é possível fazer isso quase sem nenhum esforço. Em geral, porém, existem áreas problemáticas que perturbam o movimento do ch'i. Isso se deve, com freqüência, ao trânsito deficiente em algumas áreas.

Lembro-me de uma visita que fiz a uma fábrica na qual as passagens eram tão estreitas que só permitiam a passagem de um carrinho de mercadorias por vez. Isso quer dizer que se alguém quisesse usar a passagem ao mesmo tempo que o carrinho de mercadorias, teria de sair do caminho para deixá-lo passar. Isso não é nada eficaz e, além do mais, causa muita irritação.

Numa tipografia com a qual eu costumava fazer negócios, o cortador de papel ficava num barraco do outro lado de um pátio. Qualquer papel que precisasse ser cortado ou aparado tinha de ser carregado por toda a fábrica, até o outro lado do pátio, onde ficava o cortador. Isso era inconveniente e consumia tempo demais. O trabalho freqüentemente se empilhava, e era deixado no pátio até o momento de ser cortado. O espaço extra era bem útil quando o tempo estava bom, mas quando chovia eles passavam por maus bocados, tanto no armazenamento quanto no transporte do papel até o cortador. Os gerentes deliberaram a respeito durante muitos anos, até trocarem o corte e o empacotamento de lugar. Isso fez com que o cortador de papel ficasse mais perto das impressoras, economizando tempo e trabalho. Os trabalhadores do departamento de empacotamento também ficaram satisfeitos por ter seu local de trabalho separado, no barraco.

As Lojas

Com o cliente dentro da loja, queremos que ele permaneça ali e dê uma olhada no que temos a oferecer. Por isso o interior do estabelecimento precisa ser bem iluminado e estar a uma temperatura agradável. O cliente não ficará, caso o interior esteja quente ou frio demais. A mercadoria deve estar exposta do modo mais atraente possível. Também deve estar bem à mão. Caso não possam examinar a mercadoria antes de comprar, as pessoas comprarão em outro lugar. Os vendedores também não devem ficar de costas para a porta de entrada.

Deve-se utilizar espelhos para dar às pessoas que entram uma sensação de espaço, abundância e prosperidade. Isso acontece porque eles "duplicam" simbolicamente a quantidade de tudo o que refletem. Agora você sabe por que freqüentemente vemos espelhos atrás das bebidas, nos bares. Eles simbolicamente duplicam a quantidade da bebida à venda.

Se a loja estiver abarrotada de prateleiras e araras, sem espaço suficiente para as pessoas circularem, os clientes ficarão incomodados e inquietos. Deve haver espaço suficiente para que eles se movimentem livremente pela loja.

A colocação da caixa registradora é de importância vital. Ela deve ser colocada em ângulo com a porta da frente. Se estiver bem de frente para a porta, intimidará os fregueses em potencial. O caixa deve ter uma visão boa das saídas, para evitar roubo. A caixa registradora não deve ter nenhum shar, porque isso afetaria o sucesso do negócio. Na Ásia, é comum colocar um espelho perto do caixa. Ele duplica simbolicamente a quantidade de dinheiro que entra na loja.

Pendurar um cristal ou um mensageiro dos ventos sobre a caixa registradora faz com que o ch'i se eleve, o que estimula ainda mais os negócios.

Convém que os clientes possam sair da loja facilmente, depois de fazer suas compras.

Lojas diferentes exigem soluções diferentes. Uma livraria e um salão de beleza, por exemplo, têm propósitos e necessidades bastante diferentes. Na livraria, os livros precisam ser separados por assunto, a fim de ajudar os clientes a encontrar o que estão procurando. Também não deve bater sol direto no local, porque isso poderia estragar os livros.

O salão de beleza deve ser bonito e alegre. Os assentos devem ser confortáveis, e os lavatórios devem proporcionar privacidade. Deve haver bastante ventilação, a fim de eliminar os odores dos produtos usados.

Nos supermercados, é preciso que haja espaço suficiente nos corredores. O supermercado do nosso bairro tem corredores estreitos, o que causa irritação e congestionamento. E, o que é pior, as pessoas que passam pela seção de carregamento, a caminho do supermercado, ficam expostas a um mau cheiro constante. Não há espaço suficiente para fazer fila nos caixas, e isso faz com que as pessoas fiquem irritadas. Por isso, minha mulher e eu preferimos ir mais longe para poder comprar em outro supermercado, que não tenha nenhum desses problemas.

Fábricas

Barulho excessivo é o problema de muitas fábricas. Isso cria um ch'i negativo. A mesma coisa acontece, por sinal, quando o prédio é silencioso demais. Em geral, é mais fácil tornar o local mais barulhento do que mais silencioso, mas existem técnicas para tornar um local à prova de som. Depois de eu ter dado consultoria para os proprietários de uma metalúrgica, eles mandaram colocar grandes blocos de isopor em torno do lugar onde ficava uma enorme máquina de imprimir formas de metal, que fazia barulho o tempo todo. Os funcionários dessa fábrica costumavam reclamar de dor de cabeça e faltavam com freqüência. Depois que o nível de barulho foi reduzido, esses problemas quase desapareceram.

Deve-se levar em consideração a disposição da planta da fábrica. Os corredores precisam ser amplos o suficiente para satisfazer todas as necessidades. Evite entroncamentos em forma de T, onde um corredor converge em outro. Não coloque máquinas ou trabalhadores no fim de um corredor, porque a linha reta formaria um shar que afetaria o trabalho deles. Muitas fábricas têm vigas aparentes no teto, o que também cria shars. Não coloque nenhum funcionário exatamente sob as vigas.

Deve haver iluminação e ventilação suficientes em cada fábrica. Grandes fábricas podem, muitas vezes, ter uma temperatura baixa demais para se trabalhar. Elas são muito difíceis de aquecer, é claro, mas uma diferença de alguns graus pode fazer uma grande diferença no volume e na qualidade do trabalho produzido.

Queremos o máximo possível de ch'i na fábrica. Ele pode ser estimulado com bastante luz e cores alegres. Caso a fábrica tenha uma aparência agradável, mais ch'i entrará no prédio e o estado de ânimo e o contentamento dos trabalhadores aumentará.

Os Depósitos de Mercadoria

A maior parte da informação sobre fábricas aplica-se também aos depósitos de mercadorias. Atributos importantes para um armazém são espaço suficiente e iluminação adequada. Freqüentemente, à medida que a empresa cresce, o depósito permanece do mesmo tamanho, mas cada vez mais cheio de mercadoria. No final, acaba-se estocando a mercadoria nos corredores, e os funcionários têm problemas para passar pelo local. Conseqüentemente, o trabalho deles se torna mais e mais difícil, e o estado de ânimo – e a quantidade de trabalho produzido – vai por água abaixo.

No depósito, a iluminação é muito importante. Cantos sombrios, ou mal iluminados, repelem o ch'i e podem causar problemas financeiros. O ideal seria que a iluminação fosse bem distribuída e sem reflexos. Pode-se colocar cortinas ou venezianas onde haja reflexo do sol.

Áreas úmidas ou com mau cheiro criam ch'i negativo. Elas também podem acabar estragando as mercadorias. É preciso que se faça uma manutenção rotineira em todos os lugares da fábrica. Portas que não abrem, janelas que emperram e outros problemas que incomodam produzem ch'i negativo, e devem ser reparados logo que ocorram.

Muitas vezes, o depósito tem duas ou três saídas, e as correntes de ar se tornam um problema. Feng shui significa "vento e água", mas o feng shui ideal requer brisas suaves, não correntes de ar que levam embora todo o ch'i do ambiente. É uma boa idéia deixar apenas uma porta aberta nos dias em que há tempestades ou vento forte.

Os Escritórios

No capítulo seguinte, vamos falar a respeito dos escritórios particulares. Em geral, a sala do presidente deve ser uma das mais distantes da porta principal. Ela também deve ser maior do que as demais, para indicar o posto e a posição mais elevada dessa pessoa.

O pior lugar para um escritório é no fim de um longo corredor, porque o corredor age como uma flecha envenenada em direção à sua porta. Isso acaba afetando a saúde e a carreira da pessoa que o utiliza. Escritórios que ficam bem na frente de elevadores e escadas rolantes são ruins também, porque acredita-se que o elevador ou a escada levam embora a riqueza.

É muito melhor ter um escritório em qualquer um dos lados de um corredor. Você, no entanto, não vai querer um banheiro bem na frente da sua porta, do outro lado do corredor. Isso é considerado um shar gravíssimo, porque o banheiro enviaria ch'i negativo para o escritório. A solução para isso seria manter sua porta fechada sempre que possível, e colocar ali um espelho, para refletir o banheiro para o outro lado do corredor.

Caso seu escritório esteja de frente para uma porta que fica do lado oposto do corredor, as duas portas devem ser do mesmo tamanho e estar alinhadas uma com a outra. Se elas não estiverem bem em frente uma da outra, é bem possível que as pessoas que trabalham nessas salas entrem em conflito (Figura 4A). O remédio é colocar um espelho na parede ao lado de ambas as portas.

Corredores longos e estreitos produzem shars e aceleram o fluxo do ch'i que os atravessa. Se há uma janela no fim do corredor, o ch'i sairá por ela. É por isso que as pessoas que trabalham nesse tipo de ambiente muitas vezes não têm energia. O remédio é diminuir a velocidade da energia ch'i. Isso pode ser feito colocando espelhos a intervalos regulares ao longo do corredor. Uma outra alternativa seria pendurar no local mensageiros dos ventos ou cristais, para atrair o ch'i e diminuir o fluxo.

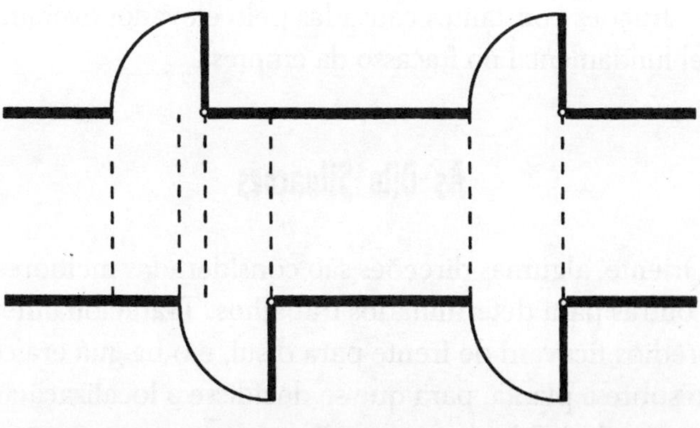

Figura 4A: Alinhamento das portas de escritórios

Não convém que a porta do escritório se abra para uma escada que sobe. Isso significa que você precisa descer a escada cada vez que entra no escritório, o que representa uma sorte em declínio. É melhor ter a porta do escritório no topo da escada, porque isso representa uma sorte em ascensão. Além disso, se o escritório estiver no topo de uma escada, à medida que o ch'i se eleva, você terá mais energia e vitalidade.

Também não convém que a sua empresa ocupe um andar inteiro de um edifício de escritórios, mas não tenha um local apropriado para a recepção, onde você possa receber os visitantes, quando eles saem do elevador. Isso quer dizer que cada vez que uma visita chega ao seu andar, o feng shui da área é perturbado. Eu trabalhei numa empresa de eventos que ocupava todo um andar de um alto edifício. O andar inteiro era um espaço aberto, o que significava que, cada vez que o elevador parava nesse andar, todo mundo da empresa se voltava para ver quem estava chegando. Isso também fazia com que os visitantes se sentissem constrangidos, o que fez com que houvesse cada vez menos visitantes. As distrações constantes causadas pelo elevador tiveram um papel fundamental no fracasso da empresa.

As Oito Situações

No Oriente, algumas direções são consideradas melhores do que outras para determinados trabalhos. Tradicionalmente, os prédios ficavam de frente para o sul, e o ba-guá era colocado sobre a planta, para que se decidisse a localização correta antes do início da construção.

Com o tempo, começou-se a construir prédios voltados para todas as direções, mas as idéias tradicionais de que certas direções são melhores do que outras permaneceram. Por exemplo, num prédio de frente para o sul, o local da Abundância estaria no sudeste. Muitos especialistas em feng shui consideram o sudeste como o local da Abundância, sem importar a direção para a qual o prédio esteja voltado. Essa teoria é conhecida como as Oito Situações e faz parte da Escola da Bússola do feng shui.

Conseqüentemente, o canto sudeste do prédio é um bom local para o contador ou para o diretor-geral. O gerente do departamento de recursos humanos deve estar no leste (local da Família). As equipes de pesquisa e desenvolvimento devem estar no nordeste (setor do Conhecimento). Novas equipes devem ficar ao norte ou oeste (setores do Trabalho e dos Filhos). A equipe de propaganda e promoção deve estar no sul (setor do Sucesso). O departamento de treinamento de pessoal deve ficar no noroeste (área dos Mentores).

Eu levo isso em consideração ao dar uma consultoria, mas prefiro usar as Aspirações do Ba-guá, um método que determina os setores com base na localização da porta principal.

Recentemente, fiz uma avaliação para uma firma de corretores da Bolsa que estavam se mudando para um novo prédio. Usando as Aspirações do Ba-guá, eu teria colocado o escritório do diretor-geral num local de frente para as instalações sanitárias do prédio. Isso teria sido um desastre, do ponto de vista do feng shui, porque o ch'i negativo vindo dali produziria um shar enorme. A única solução possível seria manter as cortinas sempre fechadas. Entretanto, usando as Oito Localizações, foi possível colocar o escritório do diretor-geral no sudeste, um local com uma vista agradável para um grande parque e para os arranha-céus do centro da cidade.

Capítulo 5

A Disposição do Escritório

Seu escritório deve ser confortável e refletir sua personalidade. Assegure-se de que a porta está protegida contra shars vindos de fora. Qualquer coisa que aponte para o seu escritório, ou venha em direção à porta da frente, em linha reta, é uma flecha envenenada, e precisa de solução. Vasos de plantas são muito bons. Caso isso não seja possível, um espelhinho, colocado do lado de fora da porta, enviará o shar de volta para onde veio.

Ter uma vista de fora, em geral é muito bom, mas a luz ofuscante vinda de uma janela pode tornar difícil trabalhar com eficiência. Deve-se usar cortinas ou persianas durante certas horas do dia, para eliminar o problema.

Seria ideal se o escritório pudesse ser quadrado ou retangular. Ângulos agudos ou cantos protuberantes causados pela forma em L são shars que precisam ser solucionados. Mais ou menos há um ano, visitei um homem cujo escritório tinha quatro cantos protuberantes. Ele havia solucionado cada canto de uma forma diferente, e queria que eu fosse ver os resultados. As soluções eram discretas, e duvido que se pudesse notá-las, a menos que alguém as apontasse. Ele comentou que, depois de solucionar as quinas, conseguiu trabalhar durante períodos mais longos do que antes, a ponto de se sentir menos cansado no fim do dia. Isso não era de admirar, já que, antes disso, ele tinha flechas envenenadas apontando na sua direção, vindas dos quatro cantos da sala. Para corrigir esses problemas, você pode colocar um vaso de plantas na frente do shar, ou talvez pendurar um espelho ou um cristal (Figura 5A).

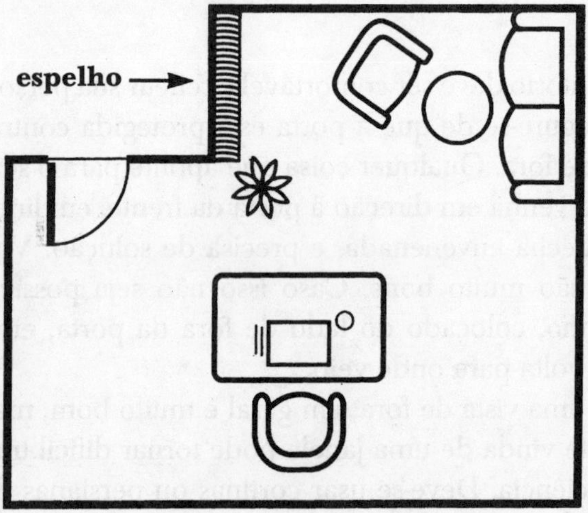

Figura 5A: Solução do feng shui para um shar de escritório

A posição da mesa de trabalho é de máxima importância. Convém que você se sente de frente para a porta. Quem se senta de costas para a porta se sente desconfortável e corre o risco de ser "apunhalado pelas costas" (Figura 5B). A escrivaninha deve estar o mais longe possível da porta da sala, a fim de dar a você uma vista completa tanto do escritório quanto da porta. Se você não consegue, de onde está sentado, ver a porta da frente, devido ao formato da sala, coloque um espelho que lhe dê uma visão melhor.

Ser visto é tão importante quanto ver. Caso você estiver, em seu escritório, metido em um cantinho onde ninguém possa vê-lo, provavelmente será esquecido na hora das promoções, aumento de salário ou projetos especiais. Você precisa ficar visível.

Figura 5B: Má colocação da mesa de trabalho

Ainda que você deva se sentar de frente para a porta, não deve ficar diretamente em frente à mesma, pois isso pode intimidar as visitas. Para conseguir melhores resultados, coloque sua escrivaninha em ângulo com a entrada.

(Figura 5C). Ângulos diferentes produzem sensações diferentes; então, você deveria fazer experiências. A figura 5D mostra três posições favoráveis e três desfavoráveis onde colocar sua mesa de trabalho.

Antigamente, acreditava-se que a mesa de trabalho deveria estar no eixo norte/sul ou leste/oeste. Os antigos acreditavam que você ficaria mais motivado no trabalho se a mesa de trabalho estivesse de frente para o norte. Você, entretanto, vai se sentir mais descansado e à vontade se a sua mesa estiver de frente para o sul. Se ela estiver de frente para o leste, você será dinâmico e inspirado. Estar de frente para o oeste faz com que você fique mais criativo e cheio de boas idéias.

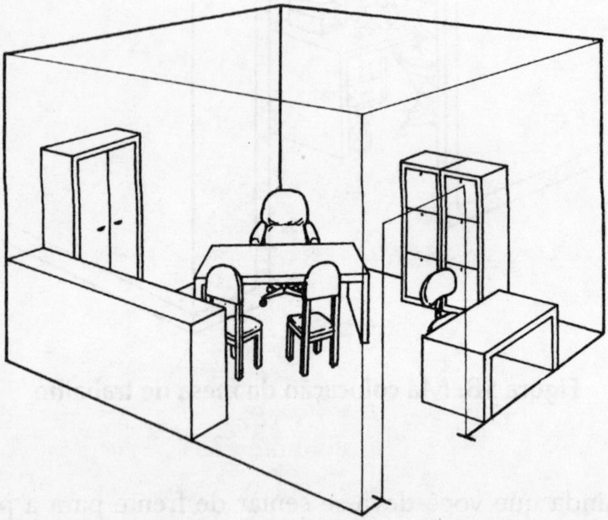

Figura 5C: Posição favorável da mesa de trabalho

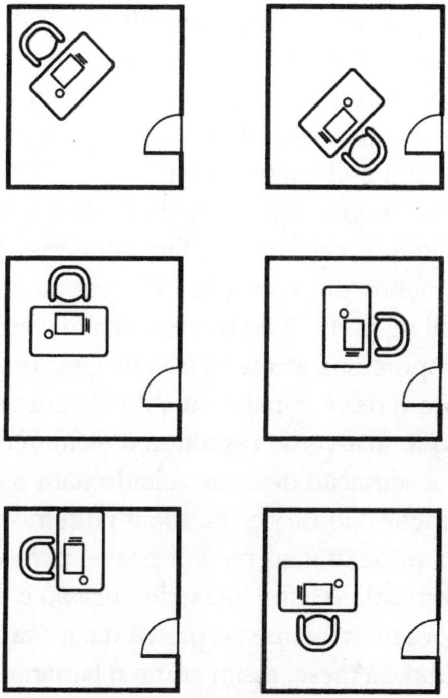

Figura 5D: Exemplos de colocação da mesa de trabalho

Tenha em mente que sua mesa de trabalho poderá parecer mal posicionada e fora do lugar se você seguir essas sugestões cegamente. É importante que seu escritório pareça confortável, e que você se sinta confortável nele. Uma mesa colocada numa posição estranha afeta a aparência da sala inteira, e pode também afetar o fluxo do ch'i.

Você também pode usar os cinco elementos para atrair determinadas qualidades. Por exemplo, quando você coloca algo preto ou azul sobre a mesa de trabalho, ela passa a causar em você os mesmos efeitos que uma mesa voltada para o norte, mesmo se estiver voltada para uma direção completamente diferente. Isso acontece porque o norte está relacionado com o elemento água.

Do mesmo modo, algo vermelho sobre a mesa ativa o elemento fogo que, por sua vez, fará com que ela apresente os mesmos efeitos de uma mesa voltada para o sul. Algo feito de metal ou pintado de branco ativa o elemento metal, e isso lhe proporciona as mesmas vantagens que uma mesa de frente para o oeste. Finalmente, flores, um vaso de plantas ou algo que seja verde ressaltará o elemento madeira, e dará a você a sensação de estar voltado para o leste.

As Aspirações do Ba-guá também podem ser úteis para determinar a posição mais recomendável para você. Geralmente os setores da Abundância, do Sucesso e do Trabalho são as posições mais favoráveis para a sua mesa de trabalho.

O tamanho da mesa, assim como o tamanho do escritório, indica o poder e a posição que você tem na firma. Você progredirá mais rapidamente em sua carreira se a sua mesa for maior do que o necessário para o trabalho que faz.

Deixe espaço suficiente atrás de sua cadeira para poder se sentar e se levantar com facilidade. Se você se sente apertado, o ch'i também ficará restrito, e você se sentirá limitado, incapaz de realizar todo o seu potencial.

Não coloque a mesa de trabalho encostada a uma parede vazia. Quem trabalha com um computador costuma fazer isso para esconder todos os fios e cabos do equipamento. No feng shui, eles não devem ficar visíveis, mas colocar a mesa contra uma parede vazia não é uma boa maneira de escondê-los. Essa posição gera frustração e nervosismo, porque você não pode ver o que está se passando às suas costas. Se não há outra alternativa, coloque um espelho na parede, para poder ver o que está acontecendo atrás de você. Se isso não for permitido, coloque um espelhinho sobre a sua escrivaninha. Se possível, pendure alguns quadros alegres e coloridos na parede e ponha um pequeno cristal em sua escrivaninha, para atrair o ch'i.

Se for possível, não se sente de costas para uma janela. Nessa posição, você fica sem apoio, e talvez não consiga ajuda quando for preciso. Se não há outro lugar onde colocar sua escrivaninha, mantenha as venezianas fechadas.

Você pode usar as Aspirações do Ba-guá também em sua mesa de trabalho. No Oriente, homens e mulheres de negócios normalmente colocam um recipiente de metal com algumas moedas dentro no local da Abundância, para ativar essa característica. Coloque fotos de sua família nos setores da Família ou dos Filhos.

Assegure-se de que a sua cadeira é confortável e está ajustada na altura correta. Você produzirá muito mais numa cadeira bem ajustada, do que numa cadeira desconfortável na altura errada. Você também se sentirá melhor, e gostará de se sentar em sua mesa de trabalho.

Nunca deixe o escritório em desordem. Se na sua mesa sempre fica uma montanha de arquivos e papéis, sua vida será desorganizada e frustrante. Não guarde arquivos no chão, dentro de caixas. Mantenha o seu escritório sempre em ordem, e sua vida transcorrerá muito mais tranqüilamente.

As Quatro Casas

A Escola da Bússola do feng shui utiliza oito trigramas do I Ching para determinar direções apropriadas para diferentes tipos de atividade. Esses oito trigramas podem ser divididos em dois grupos: as Quatro Casas do Oriente e as Quatro Casas do Ocidente.[1]

Usa-se uma fórmula simples para determinar a que grupo você pertence.

Se você for homem, subtraia de 100 os últimos dois dígitos de seu ano de nascimento, e então divida por nove. Deixe de lado a resposta e só considere o resto.

Por exemplo, se você nasceu em 1956, subtraímos 56 de 100, o que nos dá uma resposta de 44. Dividimos isso por 9, o que nos dá um resto de 8 (9 × 4 = 36, com um resto de 8). Outro exemplo, desta vez de um homem nascido em 1946, fica assim: 100 – 46 = 54, e 54 dividido por 9 é 6, sem resto.

A fórmula é um pouco diferente para a mulher. Se você é mulher, subtraia quatro dos últimos dois dígitos de seu ano de nascimento, e divida por nove. Outra vez aqui, o importante é o resto.

Aqui está o exemplo de uma mulher nascida em 1952. Vamos subtrair 4 de 52, o que nos dá 48. Dividimos então 48 por 9, e a resposta é cinco, com um resto de 3.

Mais um exemplo, para uma mulher nascida em 1975, que fica assim: 75 – 4 = 71, e 71 dividido por 9 é 7, com um resto de 8.

Tanto para o homem quanto para a mulher, o resto determina a que grupo de casas eles pertencem.

Se o resto é 1, 3, ou 4, ou se não há resto, você pertence às Quatro Casas do Oriente.

Se o resto é 2, 5, 6, 7 ou 8, você pertence às Quatro Casas do Ocidente.

Para cada grupo de casas, há quatro direções favoráveis e quatro desfavoráveis.

As direções favoráveis para os membros das Quatro Casas do Oriente são norte, leste, sudeste e sul.

As direções desfavoráveis para os membros das Quatro Casas do Oriente são nordeste, sudoeste, oeste e noroeste.

As direções favoráveis para os membros das Quatro Casas do Ocidente são nordeste, sudoeste, oeste e noroeste.

As direções desfavoráveis para os membros das Quatro Casas do Ocidente são norte, leste, sudeste e sul.

Utilizando uma bússola em seu escritório, você poderá determinar as melhores direções para você. A situação ideal ocorre quando tanto a entrada principal do prédio quanto a porta de seu escritório estão em direções favoráveis a você.

No Oriente, muitas pessoas se sentam de frente para uma direção favorável sempre que possível. Conseqüentemente, a mesa de trabalho delas sempre está de frente para a direção correta e, quando precisam tomar alguma decisão importante, elas se asseguram de que estão de frente para uma direção afortunada. Jogos de azar são muito populares na Ásia, e muitos jogadores só jogam quando estão de frente para essa direção da sorte.

Escritórios Gerais

É preciso fazer considerações especiais com relação aos escritórios gerais, onde muitas pessoas trabalham juntas no mesmo local.

O ideal seria que a sala fosse quadrada ou retangular. Salas de formato irregular criam shars que podem ser difíceis de ser completamente eliminados, quando há muitas pessoas trabalhando juntas na mesma sala.

As mesas precisam ser dispostas de tal forma que haja bastante espaço para que o ch'i flua para dentro da sala e circule entre as pessoas. Essa arrumação também faz com que haja espaço suficiente para que as pessoas do escritório se movam com facilidade. Caso seja possível, convém que todos no escritório possam ver a entrada principal enquanto trabalham à mesa.

A pior posição é ficar de costas para qualquer porta, já que você corre o risco de "receber uma facada por trás" (Figura 5E). Pelo mesmo motivo, também se considera ruim ficar de costas para um espaço aberto usado continuamente como passagem.

Não é bom, também, ter uma escrivaninha muito perto da entrada. As pessoas que se sentam nesse local ficarão "grudadas no relógio" e irão embora assim que puderem. Elas tampouco gostarão da idéia de trabalhar além do horário normal.

As mesas que estão de frente para uma parede são problemáticas, porque o ch'i não consegue fluir pela parte da frente. As pessoas que trabalham nessa posição também não conseguem ver o que está acontecendo às suas costas. O remédio

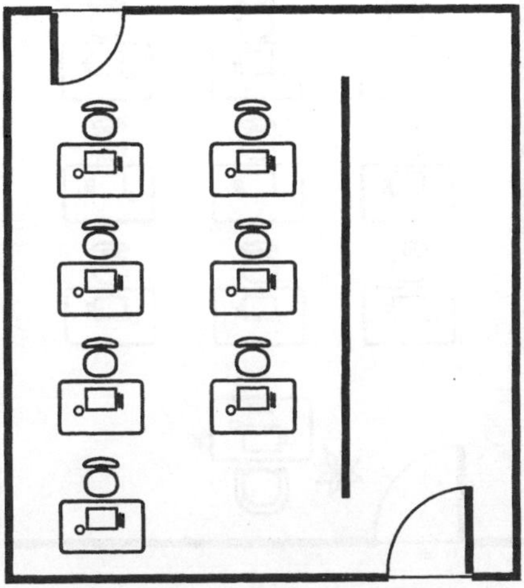

Figura 5E: Disposição das mesas de um escritório geral

nesse caso é colocar um espelho, para atrair o ch'i e fazer com que a pessoa sentada possa ver o que se passa na sala.

Do ponto de vista do feng shui, não convém colocar as mesas frente a frente, porque essa posição é considerada como uma confrontação. Uma arranjo em forma de U é quase tão ruim quanto esse, porque as pessoas que ficam nas pontas estarão em posições opostas. Acredita-se que esse arranjo gera conflitos e discórdia. Por outro lado, quando as mesas estão dispostas em forma de L, as pessoas tenderiam a formar "panelas" e a competir entre si. Isso gera um índice elevado de faltas.

Se há só umas poucas escrivaninhas no escritório, pode-se colocá-las de forma diagonal umas com relação às outras, imitando o formato do ba-guá. É importante, porém, assegu-

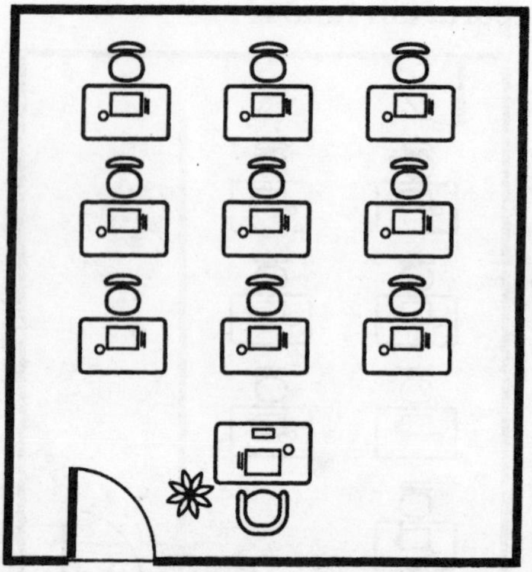

Figura 5F: Disposição que gera confrontação

rar-se de que os ângulos das escrivaninhas não estão formando shars que afetem outras escrivaninhas. Divisórias, pilares e vigas no teto também podem criar shars que precisam ser eliminados.

Qualquer coluna ou pilar na sala precisa ser parcialmente camuflado com vasos de plantas ou espelhos.

O chefe do escritório deve ter sua mesa na posição mais favorável da sala. Em geral esse lugar fica no canto mais distante da entrada. Essa é a posição de poder; qualquer um que se sente ali progredirá na carreira.

Algumas vezes, deparo com um escritório geral no qual o chefe está sentado de frente para a equipe, mais ou menos como uma professora, na escola, sentada de frente para os alunos (Figura 5F). Essa é a pior posição de todas, sob o ponto de vista psicológico, e é, quase sempre, uma posição de confronto.

A entrada principal precisa, naturalmente, ser protegida contra shars de fora. O shar mais comum associado com um escritório geral é um corredor longo e reto, bem na frente da porta. O remédio para isso é colocar vários vasos com plantas logo na entrada da sala. Isso não apenas soluciona o problema do shar, mas torna o ambiente mais bonito, além de dar aos funcionários da sala um pouco de privacidade.

Todos os cabos elétricos e fios de telefone precisam estar fora da vista, se possível.

Do ponto de vista do feng shui, não é nada bom ter um banheiro bem em frente ao escritório geral, porque o ch'i negativo gerado no banheiro fluirá para dentro do escritório, afetando a todos. Originalmente, colocava-se os banheiros na saída do escritório geral para estimular as pessoas a passar menos tempo ali. Talvez isso de fato funcione, mas também estimula a equipe a encontrar um lugar mais harmonioso para trabalhar.

A iluminação deve ser abundante e distribuída de maneira uniforme. Qualquer iluminação adicional não deve ofuscar as outras pessoas.

Os escritórios gerais devem ter um esquema de cores sutil. Cores vivas e estimulantes podem causar discórdia entre as pessoas que trabalham no escritório. A cor também pode afetar o humor dos visitantes.

As Salas Separadas por Divisórias

Essas salas são, na verdade, pequenos escritórios, que geralmente consistem em três paredes feitas por biombos ou divisórias, com uma abertura lateral, que funciona como entrada.

Essas pequenas salas requerem as mesmas providências que um escritório. A pessoa que trabalha aí não deve sentar-se de costas para a entrada, e a própria entrada geralmente precisa de algum tipo de proteção (Figura 5G). Ainda que não haja shars diretos, pendurar um cristal ou um mensageiro dos ventos na entrada aumentará a quantidade de ch'i que entra na sala.

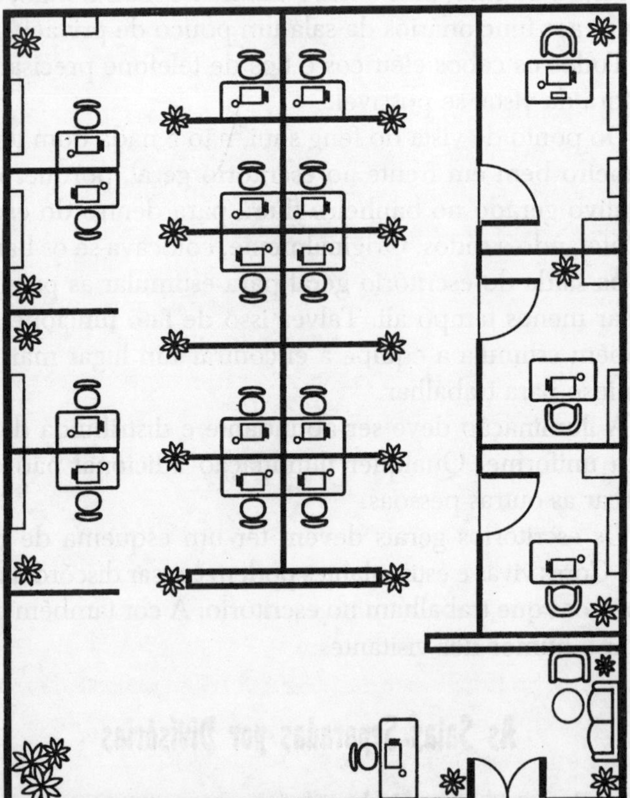

Figura 5G: Escritório com salas separadas por divisórias

Capítulo 6

O Escritório em Casa

No mundo de hoje, cada vez mais pessoas trabalham em casa, e essa moda tende a continuar. Meus vizinhos dizem que eu sou "semi-aposentado", porque trabalho em casa, e não sigo a rotina diária de ir e voltar do trabalho.

Existem vantagens definitivas em se trabalhar em casa. Meus vizinhos gastam uma média de 45 minutos todas as manhãs e todas as noites, indo para o trabalho e voltando para casa. Isso quer dizer que ganho uma hora e meia a cada dia. Posso também tirar uma folga quando necessário, para resolver assuntos particulares ou ver o que os meus filhos estão fazendo. Posso trabalhar bem cedinho de manhã, ou tarde da noite. Posso até trabalhar de pijama, se quiser.

A desvantagem de se trabalhar em casa é que eu nunca estou totalmente longe do trabalho. Porque trabalho em casa, as pessoas acham que podem me chamar a qualquer hora do dia ou da noite. É raro que eu consiga fazer uma refeição sem ser interrompido pelo menos uma vez pelo telefone. Ainda que eu tenha uma secretária eletrônica, trabalho num campo extremamente competitivo, e não quero perder muitas chamadas. Descobri, também, que gasto tempo demais trabalhando durante os fins de semana, já que meu escritório é tão acessível. Posso entrar para checar algo, e de repente me dar conta de que já se passaram duas horas. Se meu escritório estivesse situado há muitos quilômetros de distância, isso não aconteceria.

Minha mulher e eu escolhemos nossa casa porque era o lugar ideal tanto para se morar quanto para se trabalhar. Da porta de entrada, é possível ver nossa sala de recreação e minha sala de espera. Os clientes podem chegar pela porta da frente e sentar-se na sala de espera, sem de modo algum perturbar a família. Amigos e familiares entram da mesma maneira, e sobem para nossa sala de estar. Quando paro de trabalhar, no fim do dia, subo e, falando de um modo figurado, deixo meu trabalho para trás.

Se você trabalha em casa, é melhor ter um escritório num local separado. Isso significa que, enquanto está ali, você está trabalhando, mas, depois que já tiver saído e fechado a porta, você já não está mais no trabalho. O ideal é que esse local esteja voltado para o sul, ou seja, a direção do Sucesso. Caso seja usado mais como estúdio de arte do que como escritório, porém, é melhor situá-lo de frente para o nordeste, que é a direção do Conhecimento. É claro que, se os seus clientes costumam visitá-lo no escritório, é melhor que ele esteja localizado razoavelmente perto da porta da frente. (Esse, por sinal, não é um bom local para um estúdio, pois você ficaria inclinado a trabalhar ali, em vez de se descontrair no local, caso ele esteja perto da porta.) Anos atrás, quando morávamos em outra casa, meu escritório ficava nos fundos. Isso quer dizer que meus clientes precisavam atravessar toda a casa para chegar até ali. Isso era inconveniente para eles e representava uma incômoda intrusão para minha família. Além disso, não era muito bom para a imagem do meu negócio.

Escritórios quadrados ou retangulares são melhores do que em forma de L. Se o seu escritório de casa tem a forma de um L, coloque sua escrivaninha em uma das áreas, e receba os clientes na outra. Isso simbolicamente transforma o aposento em duas salas separadas.

Caso for possível, utilize outras áreas também. Uma amiga minha desenha e confecciona roupas infantis. Ela desenha na área dos Filhos da casa dela.

A posição da mesa de trabalho é o fator mais importante da disposição do seu escritório em casa. Os princípios que foram apresentados no capítulo anterior com relação aos prédios de escritório também se aplicam ao escritório no ambiente doméstico. Sua escrivaninha deve ser colocada numa posição de comando, de modo que você fique de frente para quem entra na sala. Isso vale mesmo se você tem um pequeno negócio de venda por correspondência, e nunca se encontra com nenhum cliente. Quem se senta de costas para a porta invariavelmente fica frustrado e até mesmo paranóico, mesmo sendo a única pessoa do prédio.

Os diferentes itens usados na empresa devem ser mantidos em locais auspiciosos. O computador, o telefone e o aparelho de fax devem estar colocados em áreas que o beneficiem. Um amigo meu, especialista em hipnose, descobriu que seu negócio prosperava rapidamente quando ele colocava o telefone no local da Abundância. Outra amiga colocava o telefone no setor dos Filhos, em seu escritório em casa. Ela me disse: "Foi uma maneira maravilhosa de manter contato com meus filhos. Mas eu não estava recebendo muitas chamadas comerciais."

Ela parou de ter esses problemas quando pendurou um cristal sobre o telefone, para atrair o ch'i.

Você precisa estimular o ch'i a entrar o máximo possível no seu escritório em casa. Isso melhorará sua concentração, criatividade e raciocínio. Você também recebe mais energia e aumenta sua possibilidade de sucesso.

A boa iluminação é um modo excelente de estimular o ch'i, além de proporcionar a você um ambiente positivo no qual trabalhar. Evite, porém, luzes ofuscantes, já que elas criam energia negativa. A ofuscação pode vir também das janelas. Já que é muito cansativo tentar proteger os olhos contra a luz ofuscante, convém evitar esse tipo de inconveniente no local de trabalho. Coloque venezianas ou cortinas para resolver o problema. É melhor ter uma janela ao lado de sua escrivaninha, e não atrás de você. Quando temos uma janela às nossas costas, sentimo-nos desprotegidos.

Os móveis e acessórios do seu escritório em casa devem ser confortáveis, mas específicos para ambientes comerciais. Por exemplo, é melhor usar o tipo de cadeira que se costuma encontrar em escritórios, do que trazer umas cadeiras da mesa da cozinha. Os móveis devem ser dispostos de forma a proporcionar bem-estar e comodidade. Seu escritório deve parecer espaçoso e não deve estar abarrotado de móveis. Provavelmente você terá prateleiras de livros em seu escritório. As prateleiras podem causar shars; assegure-se de que não estão afetando o local onde você passa a maior parte do tempo.

É claro que você deve checar seu escritório em busca de shars, e eliminá-los ou solucioná-los. Olhe pela janela e veja se há qualquer shar vindo das casas vizinhas na sua direção, como fios de luz, ruas, árvores, ou seja lá o que for. Não convém que você passe muito tempo olhando pela janela, mas, ainda assim, deveria ter uma vista agradável. Do ponto de vista do feng shui, é melhor que a sua janela não se abra para cemitérios, igrejas, delegacias de polícia, hospital ou encruzilhadas em forma de T. Você também não vai querer abrir a janela e dar de cara com um morro. Se a vista da sua janela não é agradável, talvez seja melhor manter as venezianas fechadas durante a maior parte do tempo.

O esquema de cores de seu escritório deve refletir seu elemento pessoal, assim como o elemento anterior ao seu no Ciclo Criativo dos Elementos.

O fogo queima e produz a terra. Caso o seu elemento seja **terra**, você deve incluir um pouco de vermelho em seu esquema de cores.

A terra cria o metal. Se o seu elemento é **metal**, inclua um pouco de amarelo ou marrom em seu esquema de cores.

O metal cria a água. Se o seu elemento é **água**, inclua um pouco de branco ou dourado em seu esquema de cores.

A água nutre a madeira. Se o seu elemento é **madeira**, inclua um pouco de preto ou azul em seu esquema de cores.

A madeira queima para criar o fogo. Se o seu elemento é **fogo**, utilize diversos tons de verde em seu esquema de cores.

Talvez você também queira incluir cores que simbolizem suas metas. As cores usadas nos restaurantes chineses geralmente são o vermelho e o dourado. Isso não é mera coincidência. O vermelho significa "sorte" e o dourado significa "dinheiro".

É importante evitar qualquer bagunça no seu escritório em casa. A bagunça vai gradativamente restringindo a quantidade de ch'i, e é uma distração constante. Ela também produz sensações negativas inconscientes de perda, falta e limitação. Você sentirá seu estado de ânimo melhor no minuto em que se livrar da bagunça. Você também se tornará mais decidido, criativo e revigorado.

Muitas pessoas que conseguem evitar a bagunça em qualquer outro lugar do escritório não se dão conta de que o monte de papéis que está sobre a escrivaninha também é sinal de desorganização. Pode-se gastar uma quantidade enorme de tempo procurando por coisas perdidas. Na IBM, a gerência estabeleceu a política de se limpar a mesa de trabalho todas as tardes, antes de sair do escritório. Isso foi feito por motivos de segurança, e não devido ao feng shui, mas faz sentido mesmo assim.[1] Talvez isso não pareça muito importante, caso você trabalhe em casa, mas você será muito mais eficiente se trabalhar numa escrivaninha limpa do que se trabalhar num espaço reduzido, cercado de bagunça por todos os lados.

Muitas pessoas não têm o conforto de um aposento inteiro como escritório. Eu escrevi meu primeiro livro na mesa da cozinha, porque não havia outro lugar. Um amigo meu, que escreve comédias, usa parte de seu quarto de dormir como escritório.

Se você usa parte de outro aposento como local de trabalho, você precisa determinar qual é a função principal do lugar. Por exemplo, meu amigo, o escritor de comédias, usa o quarto durante o dia para escrever e durante a noite para dormir. Ele começou usando o aposento só para dormir; por isso a cama estava na melhor posição do quarto. Quando ele começou a usá-lo como escritório, a escrivaninha era só uma mesinha quadrada num canto. Depois de alguns meses, ele se deu conta de que estava, sem querer, prejudicando sua carreira de escritor. Ele comprou uma mesa de escritório e colocou-a na posição mais importante do quarto. Ele mudou a cama para outra parede, e usou um biombo decorativo para simbolicamente fazer a cama desaparecer durante o dia. Ao fazer essas mudanças, ele mudou a ênfase do quarto – de quarto de dormir para sala de redação. Sua carreira está progredindo, e agora ele está em condições de comprar seu próprio apartamento. Entretanto, ele reluta em fazê-lo, porque tem a sensação de que as energias ao seu redor, em seu quarto-escritório, são perfeitas.

Capítulo 7

Feng Shui para Ser Bem-sucedido na Vida Profissional

O único propósito do feng shui é ajudar as pessoas a levar uma vida cheia de felicidade, satisfação e abundância. Se pudermos, de algum modo, canalizar essas qualidades para a nossa vida profissional, seremos muito mais felizes em nosso trabalho. Podemos conseguir isso fazendo certos ajustes sutis em nossa casa e em nosso trabalho.

Em geral não é necessário que se faça muita coisa. Você pode pendurar mensageiros dos ventos por toda parte e colocar cristais em cada superfície sólida, mas é melhor fazer todas essas mudanças devagar e gradativamente. Faça uma mudança e, antes de fazer outra, observe que efeito ela provocou na sua carreira.

Lembre-se, porém, de que o feng shui não é uma varinha de condão. Por exemplo, um bom feng shui torna mais fácil o seu bom relacionamento com as pessoas no seu trabalho, porque o ch'i benéfico torna seu ambiente mais harmonioso. Todo mundo é diferente, no entanto, e você precisará fazer um certo esforço para se dar bem com as pessoas desagradáveis. Você também precisará ser o mais diligente possível em seu trabalho. O feng shui aumenta sua sorte e faz com que as coisas corram bem com você, mas você não pode simplesmente se sentar e esperar que ele faça tudo.

No Lar

Vamos começar dando uma olhada no ambiente doméstico. Use as Aspirações do Ba-guá para determinar os setores da Abundância e do Trabalho do seu lar. Assegure-se de que ambos estão recebendo luz suficiente e não apresentam cantos escuros. Aumente a quantidade de luz, caso seja necessário, a fim de estimular o ch'i a entrar.

Coloque algo de metal no local da Abundância. Mensageiros dos ventos feitos de metal servem. Cada vez que os ouvir, você se lembrará do ch'i benéfico que está fluindo pela casa. Você também pode movimentá-los com as mãos cada vez que passar perto deles, para estimular o ch'i. Assegure-se de que está usando mensageiros dos ventos com tubos ocos, para que o ch'i passe por eles. Não poderá fazer isso caso sejam maciços. É uma boa idéia comprar mensageiros dos ventos de metal pintados ou nas cores de seu elemento, ou na cor do elemento que o precede no Ciclo Criativo dos Elementos.

Talvez você prefira colocar um bonito ornamento de metal no setor da Abundância. Não importa se ele é pequeno ou grande, desde que você possa vê-lo cada vez que entrar nessa parte da casa. Assim ele se torna uma "afirmação silenciosa". Toda vez que o vir, você se lembrará do seu propósito, ou seja, progredir na sua carreira.

Quando você sai para o trabalho, você deve seguir na sua direção do Trabalho, mesmo se, para isso, tenha de ir na direção contrária ao lugar em que trabalha. Depois de se dirigir por um minuto ou dois na sua direção do Trabalho, volte e siga normalmente para o trabalho. É claro que seria melhor se você de fato trabalhasse na sua direção do Trabalho, mas você estará dando um impulso em sua carreira indo nessa direção por um tempo antes de seguir na direção correta.

Pendurar um cristal no setor do Trabalho do seu lar atrai ch'i e dá a você mais energia para o trabalho.

Seu quarto também é um fator importante no sucesso profissional. Sua cama deve ficar ou no setor da Abundância, ou no setor do Sucesso ou do Trabalho. Obviamente, isso não é possível em alguns quartos. Se esse for o caso, alinhe sua cama de forma tal que sua cabeça esteja voltada para uma dessas direções. Isso faz com que a energia ch'i flua para você, enquanto dorme. Seja qual for a direção que escolher, assegure-se de que pode ver quem entra no quarto sem mover a cabeça mais do que 45 graus.

Existem três lugares nos quais você não deve colocar sua cama. Não durma com a cabeça ou com os pés voltados para uma porta. Essas posições são conhecidas como posições do "caixão de defunto".[1] Caso um lado de sua cama se encoste à mesma parede da porta, não durma com as costas para a parede. Nas casas e apartamentos de hoje, muitos quartos têm banheiro. Não durma de frente para a porta desse aposento, porque você vai estar inalando ch'i negativo durante a noite toda. Todas essas posições negativas serão um empecilho à sua carreira.

Além disso, a cama não deve estar sob uma viga exposta. Caso não haja outra alternativa, assegure-se de que a viga esteja paralela à cama, e não perpendicular a ela. Pendure duas pequenas flautas de bambu na viga, para solucionar o problema.

Assegure-se de que o banheiro recebe luz suficiente durante o dia. Não é boa idéia manter as cortinas fechadas durante o dia, porque você precisa do máximo de luz e ar puro nesse aposento, especialmente se você lê ou estuda ali.

Ative as áreas do Trabalho e da Abundância do seu quarto. Você pode fazer isso aumentando a luz nessas duas áreas ou pendurando cristais por uma fita vermelha. Você também precisa colocar um objeto feito do seu elemento no setor do Trabalho. Talvez, em vez disso, você prefira colocar algo na cor que representa o seu elemento. Por exemplo, uma foto com moldura vermelha pode representar o elemento fogo, e uma porta pintada de azul pode representar o elemento água.

A penteadeira deve estar de frente para a direção do Trabalho, do Sucesso ou da Abundância. Isso quer dizer que você estará de frente para uma direção propícia enquanto se prepara para sair para o trabalho. Assegure-se, entretanto, de que o espelho da penteadeira não esteja voltado para os pés da cama, já que isso é ruim, do ponto de vista do feng shui.

O banheiro e o vaso sanitário também precisam ser examinados. Eles não devem ficar ao norte da casa, porque acredita-se que, nessa posição, sua carreira irá "descarga abaixo". Se existe mais do que um vaso sanitário na casa, use o que não está ao norte. Mantenha a tampa e a porta de um banheiro ao norte da casa sempre fechadas. É também uma boa idéia colocar um espelho grande do lado de fora da porta, para fazer o banheiro desaparecer simbolicamente.

Caso você tenha um escritório ou um estúdio em casa, assegure-se de que a escrivaninha esteja na área da Abundância, do Sucesso ou do Trabalho. Coloque um cristal ou um objeto metálico no setor da Abundância da escrivaninha. Talvez você prefira manter alguns papéis que se relacionem com sua carreira ali, e usar um cristal grande como peso de papel.

No Trabalho

Para ser bem-sucedido na vida profissional, você precisa examinar seu local de trabalho. Você pode ter um escritório inteiro para você ou compartilhar o espaço com várias outras pessoas. Seu local de trabalho talvez seja numa grande fábrica. Seja qual for o espaço que você define como local de trabalho, ele precisa ser avaliado.

Comece assegurando-se de que seu espaço de trabalho está protegido contra shars. Lembre-se de olhar para cima também. É importante não trabalhar debaixo de uma viga exposta.

Dê uma olhada em todas as entradas do seu prédio. Se há mais de uma, use a que corresponde à sua direção da Abundância, do Sucesso ou do Trabalho. Talvez não seja essa a porta principal do prédio. Você se beneficia subconscientemente ao usar a porta que lhe parece mais conveniente. Você pode determinar essas direções usando as Aspirações do Ba-guá sobre a área do seu escritório ou local de trabalho. Lembre-se de que as direções indicadas estendem-se infinitamente, além dos limites dos aposentos.

As oito direções são duplamente importantes, caso você estacione o carro no subsolo do prédio onde trabalha. A entrada da garagem talvez não esteja de acordo com suas direções mais favoráveis. Talvez seja melhor sair da garagem e entrar no prédio por outra entrada.

Avalie com cuidado a entrada principal de sua área de trabalho. Ela precisa ter um tamanho proporcional ao das outras portas do prédio. A porta deve abrir para dentro, e não contra uma parede. A porta que abre corretamente fica paralela à parede na qual está, e não contra a parede adjacente.

Os escritórios costumam ter portas com janelas de vidro. Portas maciças são melhores, porque dão mais privacidade e fazem com que você seja mais produtivo. Talvez isso pareça surpreendente para os executivos que trabalham nesse tipo de escritório e gostam de poder ver o que todo mundo está fazendo. Os empregados, entretanto, preferem que os chefes confiem neles, e uma porta de vidro envia a mensagem subconsciente de que não se deve confiar nas pessoas.

Coloque um ba-guá sobre a área de trabalho, e assegure-se de que sua escrivaninha, ou qualquer outra superfície na qual você trabalhe, esteja colocada ou no setor do Trabalho ou no da Abundância. Você pode fazer isso usando os Oito Aspectos ou as Aspirações do Ba-guá. O norte e o sudeste são as melhores direções para sucesso no trabalho. Fique de frente para essas direções enquanto trabalha, caso seja possível. Entretanto, não fique de frente para essas direções, caso isso o obrigue a ficar de costas para a porta. É mais importante ver quem entra, do que estar de frente para uma direção positiva.

Ative sua área de trabalho com algo que represente o elemento metal. Você pode colocar uma caixinha de metal contendo algumas moedas no local da Abundância da sua escrivaninha (o canto diagonalmente à esquerda de onde você se senta). Esse é um método utilizado comumente no Oriente. Em vez de um objeto de metal, você pode usar, para representar o elemento metal, algo de cor branca ou dourada.

O metal é o elemento perfeito para acelerar seu progresso no trabalho. No sentido mais básico, o metal significa dinheiro e ter progresso na carreira significa que você conseguirá recompensas cada vez maiores de uma maneira estável. Isso não acontecerá por si mesmo.

Um conhecido que encontrei num clube a que eu pertencia trabalhava numa gráfica. Ele achava que, pelo fato de sua máquina impressora ser feita de metal, e estar no setor da Abundância, ele estava fazendo tudo o que era necessário para progredir na sua carreira. Mas isso não era verdade. Ele precisou colocar algum item com a intenção específica de melhorar o feng shui. Eu o persuadi a pendurar um mensageiro dos ventos de metal sobre a impressora, e ele, quase imediatamente, recebeu um aumento. Agora ele ocupa um cargo melhor e pratica o feng shui o tempo todo, em casa e no trabalho.

O tamanho do objeto de metal geralmente não tem importância. Um amigo meu, entretanto, trouxe de Taiwan, aonde havia ido em viagem de negócios, um enorme elefante de bronze. O elefante era absolutamente horroroso e a mulher dele se recusou a colocá-lo dentro de casa. Meu amigo o levou para o escritório e colocou-o na seção da Abundância. Recebeu dois aumentos consecutivos, e agora sua mulher reclama dizendo que ele dá mais atenção ao elefante de bronze do que a ela.

Sua escrivaninha, ou área de trabalho, deve ser grande o suficiente para refletir sua posição na empresa. Se você é um executivo do alto escalão, sua escrivaninha deve ter mais ou menos um metro e meio de comprimento, por um de largura. A altura mais confortável seria entre 75 e 80cm. Se a sua mesa de trabalho for menor do que isso, embora você ocupe um cargo importante, a posição que você ocupa e o seu poder de comando serão reduzidos, e você será menos eficaz do que poderia.

Caso você seja um gerente ou executivo de nível médio, sua mesa de trabalho deve ter aproximadamente 1,25m de comprimento por 85cm de largura.

A escrivaninha de uma secretária pode ser de qualquer tamanho. Geralmente, quanto mais longa ela for, melhor será, porque a secretária, muitas vezes, precisa cumprir várias tarefas diferentes ao mesmo tempo. A escrivaninha não precisa ser tão larga quanto as outras. É suficiente que tenha entre 65 e 75cm. A escrivaninha de uma secretária deve ser retangular ou curva. Uma escrivaninha em forma de L envia shars para o outro lado da sala.

Finalmente, caminhe pela sua área de trabalho. Tente vê-la com novos olhos. Será que ela é convidativa? O ideal é que você goste de chegar ao trabalho, porque passa uma parte bem grande de sua vida nesse espaço. Se ele não é confortável e estimulante, você terá de fazer mais modificações.

Há um certo padrão nos movimentos conhecidos como "Caminhada Feng Shui". Ela segue a seqüência dos números do quadrado mágico que Wu encontrou nas marcas da tartaruga, há uns cinco mil anos.

Você começa imaginando o quadrado mágico sobre o seu local de trabalho ou seu escritório. Fique na posição número 1. Será ao lado da parede na qual se abre a porta do escritório. Caminhe diagonalmente para a direita, terminando na posição 2. Continue seguindo as direções do quadrado mágico, indo de número a número até terminar no número 9. Você verá que é mais fácil fazer isso seguindo a Figura 7A. Depois de ter tentado algumas vezes, você se familiarizará com os movimentos, e não precisará olhar o diagrama.

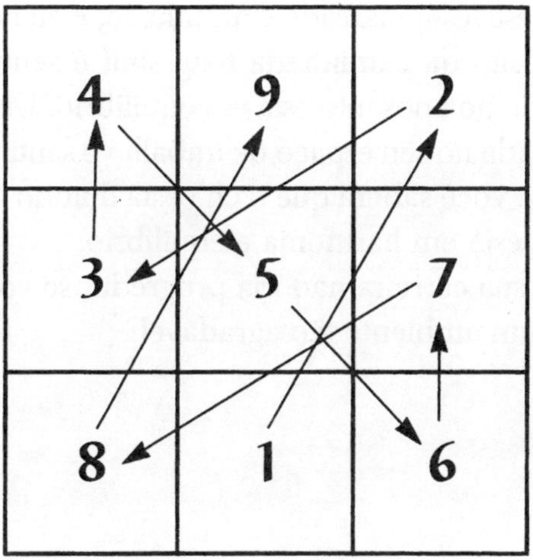

Figura 7A: A "Caminhada Feng Shui"

Naturalmente, você não poderá caminhar em linha reta de uma posição à outra, por causa dos móveis e outros objetos que talvez estejam no caminho. Isso não importa. Basta contorná-los.

Enquanto faz esse exercício, procure ver a sala na qual você está como se nunca a tivesse visto antes. Talvez você note que partes do aposento parecem mais vitais e vibrantes do que outras. A primeira vez em que fiz isso no meu escritório, dei-me conta de que, num dos cantos, o papel de parede estava marcado e arranhado. Ainda que todos os dias eu passasse horas no escritório, eu nunca havia notado isso antes, embora estivesse bem visível para quem me visitasse. Depois que mudei o papel de parede, meu escritório pareceu muito mais confortável, e tornei-me mais produtivo. Se eu não tivesse feito a caminhada feng shui, é possível que o papel ainda estivesse marcado e arranhado, e eu nem notaria.

O propósito da caminhada feng shui é sentir intuitivamente se tudo no aposento está em equilíbrio. Uma vez feita essa caminhada no seu espaço de trabalho e sentindo-se bem a cada passo, você saberá que o ch'i está fluindo livremente, e que a sala está em harmonia e equilíbrio.

Como a sua carreira não iria progredir, se você está trabalhando num ambiente tão agradável?

Capítulo 8

Soluções do Feng Shui

Não importa quantos problemas o seu local de trabalho apresenta, do ponto de vista do feng shui; para cada um deles existe uma solução. Isso é uma das coisas maravilhosas a respeito do feng shui. Nenhum imóvel poderia ser perfeito. Já houve quem tentasse construir casas perfeitas do ponto de vista do feng shui. Mas, como você bem sabe, a direção melhor para mim pode não ser a melhor para você. Em conseqüência disso, uma casa ou qualquer outro prédio que seja construído exclusivamente para mim, pode ser completamente impróprio para você – e isso se levarmos em consideração só a localização da porta principal, sem contar qualquer outra coisa.

A maioria de nós não tem condições de construir a própria casa ou local de trabalho. Precisamos comprar casas já construídas, e trabalhar no prédio da empresa de que somos funcionários ou alugar um local no qual conduzir nosso próprio negócio. Isso significa que vamos precisar aceitar condições que talvez não sejam ideais do ponto de vista do feng shui.

Felizmente, agora que já está familiarizado com o feng shui, você poderá ver a sua casa e seu local de trabalho com outros olhos. Você verá shars que antes nunca havia notado. Você compreenderá por que alguns aposentos parecem menos confortáveis do que outros. Você ficará sabendo por que alguns locais são melhores do que outros para colocar sua escrivaninha. Você estará apto a controlar as energias ao seu redor. Você será capaz de encorajar o ch'i benéfico a entrar para criar harmonia, satisfação e sucesso em sua carreira.

Soluções Externas

Árvores e arbustos são as soluções mais comuns para se bloquear shars dirigidos a um prédio de negócios. Eles podem também ser usados para estimular o ch'i. Um bonito jardim, em frente da porta de entrada, estimulará o ch'i a se acumular do lado de fora, e uma boa parte dele entrará na propriedade. Sempre-vivas são a escolha perfeita, porque os galhos desfolhados de árvores temporãs durante os meses de inverno podem enviar shars na direção da empresa.

Árvores e arbustos devem ser bem cuidados, é claro. Plantas mortas ou em más condições produzem um ch'i negativo. Remova qualquer planta doente o mais rápido possível, e substitua as mesmas por outra saudável e vigorosa.

Pode-se plantar árvores atrás do prédio comercial, para servir como proteção e simbolizar colinas. Árvores plantadas para esse fim não devem estar muito próximas dos fundos do prédio. Se elas fizerem sombra nas janelas, impedirão o ch'i de entrar, e isso pode afetar as pessoas que trabalham no prédio.

As árvores também podem ser uma proteção contra ventos fortes e barulho excessivo. Uma fileira de árvores não é apenas algo bonito e que dá proteção, mas também estimula o ch'i, beneficiando a todos. Um conhecido meu tem um grande armazém ao lado de um cemitério. Como você já sabe, delegacias, prisões, hospitais, igrejas e cemitérios são considerados shars, no feng shui. Ele plantou uma fileira de árvores para eliminar o shar e descobriu que seus negócios, estagnados durante anos, começaram a crescer outra vez. Os funcionários da empresa gostavam de passar as horas de almoço no sol, sentados no gramado entre o armazém e as árvores. Retornavam ao trabalho revigorados e cheios de ch'i, o que também fazia com que fossem mais produtivos.

Talvez você tenha uma árvore bem grande na frente da sua porta principal, atuando como um shar. Em vez de cortá-la, plante mais duas árvores, uma de cada lado da entrada, entre a árvore grande e a porta da frente. As três árvores, juntas, formam uma flecha que aponta para o lado contrário da porta. Isso elimina efetivamente a flecha envenenada formada pela árvore solitária.

Canteiros de flores, além de bonitos, tanto criam quanto atraem o ch'i benéfico. Flores margeando o caminho que leva à sua entrada estimulam o ch'i a entrar em seu local de trabalho e a aumentar a sua prosperidade.

Um laguinho ou chafariz do lado de fora do prédio pode criar um ch'i benéfico. Se o laguinho é quadrado, assegure-se de que os cantos não causam shars na direção do prédio. Laguinhos redondos ou suavemente curvos são melhores do que os quadrados ou retangulares. A água precisa ser mantida sempre limpa, e seria muito bom se estivesse em movimento. Lembre-se de que peixes, particularmente os dourados, representam dinheiro, no feng shui. Um laguinho de peixes pode trazer muitos benefícios ao seu negócio, mas precisa ser bem cuidado. Água suja, estagnada ou cheirando mal pode criar ch'i negativo e produzir um efeito exatamente oposto ao que você queria.

Um riacho serpenteante em frente à entrada principal cria ch'i e também traz oportunidades financeiras. O mesmo riachinho, se estiver atrás do prédio, significa o oposto. Caso você tenha um riacho assim atrás do edifício, plante arbustos e moitas, a fim de torná-lo o mais invisível que puder. Um muro ou cerca seria até melhor.

Grandes elementos de decoração, tais como uma estátua, podem ser utilizados para impedir que o ch'i saia da propriedade muito rápido. Uma escultura no jardim também pode ser um lugar de tranqüilidade e quietude, onde as pessoas podem se sentar em silêncio por alguns minutos. Pode ser muito benéfico e restaurador meditar num lugar assim, antes de voltar ao corre-corre do local de trabalho.

Se a área fora do local de trabalho for completamente plana, diz-se que ela é yin. Pode-se usar uma pedra grande ou uma estátua para representar um monte, o que simbolicamente proveria a energia yang, para equilibrar o ch'i. Os pagodes foram inventados com esse propósito.

Luminárias externas são soluções maravilhosas, especialmente para terrenos com formatos diferentes. Nesses casos, coloque uma luminária em cada um dos cantos do terreno e outra no meio da linha divisória de trás.

Se o seu prédio tem a forma de L, pode-se colocar uma luminária para, simbolicamente, fazer o prédio parecer completo. Essa solução é muito comum também para casas.

Caso o seu terreno esteja num declive, coloque uma luminária no ponto mais baixo para interromper o fluxo do ch'i, impedindo a energia benéfica – e também a riqueza – de descer para fora do terreno.

As luzes estimulam o ch'i, mesmo à noite, e dão mais segurança ao seu local de negócios.

Pode-se usar espelhos para refletir shars enviados ao seu prédio. Se o shar está dirigido a qualquer uma das entradas do prédio, coloque um pequeno espelho diretamente acima da porta afetada. No Oriente, costuma-se usar um pequeno espelho especial chamado ba-guá. É um pequeno espelho redondo, colocado na parte central de um pedaço de madeira de oito lados, com os oito trigramas do I Ching ao seu redor. Isso cria um espelho "yang", ou agressivo, que envia o shar de volta. Os espelhos em geral são considerados "yin", ou passivos.

Pode-se usar espelhos de qualquer tamanho. Na verdade, paredes de vidro espelhado agem como enormes espelhos de defesa. Mas você precisa ser cuidadoso com isso, porque esse tipo de parede pode criar shars graves para os prédios vizinhos, e os inquilinos destes podem enviar os shars de volta para você.

Soluções Internas

Muitas pessoas já me disseram que ficam receosas de usar as soluções do feng shui no local de trabalho, porque não querem parecer excêntricas. Em certas circunstâncias, isso é uma precaução sensata; mas, na maioria dos casos, as pessoas respeitam o que você decidiu fazer. Felizmente, há um grande número de soluções que podem ser usadas sem que ninguém se dê conta do que você está fazendo.

Conheço muitas pessoas que guardam um cristal na gaveta superior da mesa de trabalho. Isso acontece porque elas ou não têm permissão de colocá-lo à vista, ou preferem não fazê-lo. Sempre que abrem a gaveta, porém, elas se beneficiam um pouco da energia da pedra.

Uma senhora que conheço colocou uma fita metálica em cada uma de suas gavetas. Ela tem um efeito decorativo, e as pessoas muitas vezes fazem comentários sobre a beleza do resultado. Não são muitos os que se dão conta das verdadeiras razões pelas quais ela fez isso.

Naturalmente, é preciso ter cuidado com as soluções que você usa no trabalho, porque você precisa conviver diariamente com as outras pessoas que trabalham ali. Felizmente, a maioria das soluções pode ser aplicada de uma maneira discreta, nada espalhafatosa.

Um homem que assistiu a uma de minhas aulas, há muitos anos, tem um grande cristal na posição da Abundância de sua escrivaninha. Quando alguém comenta a respeito, ele só diz que foi um presente. Isso é verdade, mas essa explicação parcial permite que ele mantenha a pedra à vista de todos, sem que ninguém se dê conta da verdadeira razão da presença desse cristal ali.

Uma senhora que conheço queria pendurar mensageiros dos ventos em seu escritório, para estimular o ch'i. Ela conseguiu fazer isso dando ao seu gerente um mensageiro dos ventos como presente de aniversário, e sugerindo que ele o pendurasse no escritório. Dessa forma conseguiu ter um mensageiro dos ventos em seu próprio escritório, sem que ninguém notasse.

Existem oito soluções interiores que podem ser usadas para eliminar problemas do ponto de vista do feng shui. Elas são as seguintes:

1. Luz e objetos que refletem a luz
2. Seres vivos
3. Sons agradáveis
4. Objetos em movimento
5. Objetos pesados
6. Objetos mecânicos
7. Linhas retas
8. Cor

Luz e Objetos que Refletem a Luz

Aumentar a quantidade de luz em seu local de trabalho é a maneira mais eficaz de estimular o ch'i. Pode-se usar qualquer coisa que reflita a luz. Assim, cristais e espelhos são instrumentos bem úteis no feng shui. Naturalmente, um espelho grande é melhor do que um pequeno, e um lustre é mais eficaz do que um cristal de quartzo solitário, embora eles nem sempre sejam práticos no local de trabalho.

Você pode ativar a área que quiser no seu local de trabalho, apenas aumentando a luz. Se você acha que não está recebendo o reconhecimento que merece na empresa, aumente a quantidade de luz na seção do Sucesso de seu escritório. Você precisa se assegurar, obviamente, de que a luz adicional não é ofuscante, em especial sobre a sua área principal de trabalho.

Pode-se usar espelhos de diversos modos. O principal propósito dos espelhos é atrair o ch'i e enviar shars de volta para o lugar de onde vieram. Eles também podem fazer um escritório pequeno parecer maior. Podem corrigir uma sala de formato irregular. Podem refletir paisagens agradáveis vistas da janela, trazendo-as para dentro do seu lugar de trabalho. Se você tem o azar de trabalhar de costas para a porta, um espelho corretamente colocado permitirá que você veja quem entra sem ter de virar a cabeça.

Os espelhos também podem tornar seu negócio mais lucrativo, porque eles duplicam simbolicamente tudo o que refletem. Um espelho ao lado do caixa, por exemplo, simbolicamente duplica o dinheiro que ali é colocado. Os espelhos, por sinal, também duplicam o número de fregueses.

Os espelhos precisam ser usados com cuidado. Se forem pequenos demais ou estiverem numa posição muito baixa, podem "cortar" a cabeça de alguém. Evite azulejos espelhados. Eles criam um efeito de grade, dando uma sensação de prisão ou de restrição.

Cristais e prismas atraem o ch'i e permitem que ele se espalhe em todas as direções. Eles também podem ser utilizados para atrair o ch'i para longe de um shar óbvio, como uma escada bem na frente da porta de entrada.

Vasos de cristal e vidro também servem para o mesmo propósito. Flores frescas, dentro de um vaso de cristal, agem como um ímã, atraindo o ch'i para o seu local de trabalho.

Seres Vivos

No local de trabalho, estamos restritos quanto à escolha de seres vivos – animais ou plantas. Já foi comprovado que eles elevam o espírito humano, e proporcionam às pessoas que trabalham no escritório algo para amar e cuidar. As pessoas trabalham mais satisfeitas num ambiente onde há plantas naturais. Pode-se também colocar vasos de plantas na frente de shars, para fazê-los desaparecer.

Flores frescas estimulam o ch'i benéfico. As cores vivas e agradáveis também fazem isso, e qualquer um que esteja trabalhando por perto terá uma sensação de bem-estar e positividade. É importante trocar as flores frescas logo que comecem a murchar. Flores mortas ou murchas criam um ch'i negativo, que causa o efeito oposto nos ocupantes da sala.

É interessante notar que flores artificiais funcionam da mesma maneira que as vivas. Uma amiga minha faz lindas flores de origami, e as coloca em seu escritório. Flores artificiais devem ser cuidadas e mantidas limpas e em bom estado. Flores empoeiradas de plástico não encorajam o ch'i. Não se deve usar flores secas. Afinal de contas, "feng shui" significa "vento e água", e flores secas perderam toda a água.

Os peixes são os únicos animais que podemos encontrar com freqüência nos escritórios. Os aquários são benéficos por diversas razões. Eles permitem que as pessoas tenham uma visão da água, não importa onde estejam. Água e peixe significam "riqueza" na simbologia chinesa. Peixinhos dourados são os melhores, porque a cor dourada também representa riqueza. O número perfeito de peixes para se ter no aquário é nove. A combinação perfeita de cores consiste em oito peixinhos dourados, porque "oito" significa dinheiro num futuro próximo, e um peixinho preto para proteção.

Acredita-se que o peixe está relacionado com promoção, realização e sucesso nos exames. Os antigos chineses observavam carpas nadando contra a corrente e pulando cascatas para atingir o local de acasalamento. A idéia fixa desses peixes naturalmente fazia com que as pessoas pensassem em persistência, vigor e sucesso final. Na China Imperial, os funcionários do governo tinham de passar por testes para progredir na carreira, e o peixe tornou-se uma espécie de estímulo. Se você acha que está pronto para uma promoção no trabalho, coloque um aquário no setor do Trabalho do seu escritório, para ativar o processo.

Naturalmente, o aquário precisa ser bem cuidado. Algas ou mau cheiro criam um ch'i negativo. Um aquário oxigenado é melhor, porque a água em movimento cria o ch'i, da mesma forma que o chafariz.

A melhor posição para o aquário é no setor da Abundância, ainda que possa ser colocado em qualquer lugar. Um aquário também cria afirmações silenciosas. No Oriente, quando as pessoas viam um aquário, elas imediatamente pensavam em dinheiro.

Pessoas que pertencem ao símbolo do fogo devem ter cuidado ao dispor de um aquário no local de trabalho, porque a água apaga o fogo. Se o seu elemento é fogo, e você quer um aquário, assegure-se de que ele não é grande demais para o lugar onde vai colocá-lo. Talvez você prefira optar por um peixe de cerâmica ou de madeira, para simbolizar riqueza e prosperidade, em vez de um peixe de verdade.

Sons

Tenho um sininho na entrada da sala que uso para escrever, e faço com que toque cada vez que eu entro ou saio dali. É um som alegre e estimula o ch'i a entrar na minha sala de trabalho.

Os mensageiros dos ventos são tão eficazes quanto sinos, e podem ser usados dentro ou fora da casa. Fora, eles produzem uma música agradável toda vez que a brisa os movimenta. No escritório, você pode tocá-los levemente, para ouvir-lhes o som. Isso pode ser bem útil, caso você esteja trabalhando em algo que requeira toda a sua atenção. Você só precisa tocar o mensageiro dos ventos, para estimular o ch'i, antes de iniciar o projeto.

Existem mensageiros dos ventos de todos os tipos e tamanhos. Assegure-se de que o seu tem tubos ocos, para permitir que o ch'i passe por eles. Leve em conta o seu elemento pessoal na hora de escolher o seu mensageiro dos ventos. Eu pertenço ao elemento fogo, e tenho mensageiros dos ventos vermelhos do lado de fora da entrada principal do meu escritório.

Originalmente, os mensageiros dos ventos e os sinos eram usados para afastar fantasmas e espíritos que, supostamente, ficavam assustados com os sons produzidos por esses objetos. Os espíritos só podem se mover em linha reta; por isso os mensageiros dos ventos podem ser pendurados no fim de longos corredores, tanto para estimular o ch'i quanto para afastar qualquer espírito mau.

Objetos em Movimento

Qualquer coisa que se mova pode estimular o ch'i. Bandeiras, flâmulas, fitas, móbiles e mensageiros dos ventos pertencem todos a essa categoria. O chafariz é um exemplo ótimo, porque a água em movimento também cria o ch'i. Graças a materiais modernos e à tecnologia, você pode comprar chafarizes em miniatura, que podem ser colocados em qualquer lugar.

Portas giratórias e ventiladores também pertencem a essa categoria, porque ajudam o ch'i a circular.

Objetos Pesados

Objetos pesados, como estátuas ou pedras grandes, podem ser usados para equilibrar um aposento no qual a maioria dos móveis está num só lugar. Também podem ser utilizados para diminuir o fluxo do ch'i em locais onde ele é rápido demais. Saguões muito grandes e corredores muito amplos são lugares onde o ch'i flui rápido demais.

Objetos pesados também podem ser usados para estabilizar uma situação difícil. A solidez e o peso desses objetos inspiram cautela e paciência, e diminuem a agressividade dos ocupantes do aposento.

Objetos Mecânicos

Qualquer aparelho elétrico entra nessa categoria. O computador é, provavelmente, o exemplo mais encontrado nos lugares de trabalho; mas ventiladores, televisores, rádios e refrigeradores também são bons exemplos. No passado, utilizavam-se máquinas de todo tipo para estimular o ch'i. Hoje em dia, o televisor ou o aparelho de som na área da Família ou dos Mentores do refeitório podem ativar o ch'i e encorajar a amizade entre os funcionários.

Naturalmente, todos esses itens tanto podem criar ch'i negativo quanto positivo, e precisam ser cuidados. Cabos elétricos precisam ser mantidos fora da vista, sempre que possível.

Linhas Retas

Linhas retas podem parecer uma solução meio diferente, porque geralmente também criam shars. Entretanto, essas linhas retas servem para representar todos os oito lados do ba-guá, ou alguns deles, e são, conseqüentemente, suspensas em ângulo. Flautas de bambu, por exemplo, comumente são utilizadas como solução para vigas no teto. Pendura-se duas num ângulo de 45 graus, para representar dois dos oito lados do ba-guá. Tradicionalmente, elas são penduradas com fitas vermelhas, com o bocal para baixo. Flautas sempre representaram paz e satisfação. Por acaso, acredita-se que pendurar duas flautas sobre o caixa aumenta o lucro nos negócios ao mesmo tempo que repele ladrões e atrai os fregueses.

Pode-se dispor os móveis de um aposento de modo a formar uma réplica ou parte do formato do ba-guá. Isso estimula a flexibilidade mental e a honestidade.

Cor

Você já sabe qual é a cor do seu elemento pessoal. As cores são usadas para estimular o ch'i. Cores vivas o estimulam, enquanto as cores mais suaves o tranqüilizam. O vermelho é um símbolo de sorte. O preto e o azul representam o elemento água e, como você sabe, água significa dinheiro. O branco e o dourado, do elemento metal, também representam riqueza.

No Ocidente, estamos acostumados a usar esquemas de cores claras, mas uma pequena quantidade de uma cor mais forte pode ser extremamente eficaz para estimular o ch'i de uma sala.

Conclusão

Espero que você tenha achado interessante este livro, e ele possa ajudar você na sua carreira. Conheço muitas pessoas que estavam estagnadas profissionalmente, até que começaram a usar o feng shui. Foi uma alegria observar o progresso delas. Espero que a sua carreira também passe a ser bem-sucedida, depois que você começar a usar o feng shui no seu local de trabalho.

À medida que foi lendo este livro, você provavelmente ficou consciente de muitas coisas que gostaria de mudar na sua casa e no seu ambiente de trabalho. É melhor que você faça essas mudanças aos poucos, uma de cada vez. Fazendo isso, você poderá avaliar melhor os resultados. Faça uma mudança, e observe, dentro do prazo de três semanas, o que acontece. Então faça outra mudança, e espere outra vez por algumas semanas.

Algumas pessoas ficam estarrecidas, e pensam que é preciso mudar absolutamente tudo. Ainda não encontrei uma única situação na qual isso tenha sido necessário. Na verdade, a maioria das pessoas só precisa modificar uns poucos detalhes, para criar uma harmonia perfeita no lugar de trabalho.

Talvez fosse bom se você examinasse o seu lugar de trabalho seguindo uma certa ordem, para assegurar-se de que tudo será avaliado.

Muitas pessoas ficam surpreendidas ao ficar sabendo que o processo de impulsionar a carreira começa, na verdade, em casa. Assegure-se de que não há shars afetando a porta da frente do seu escritório. A entrada deve ser bem iluminada, para encorajar o ch'i a entrar. Ative os setores da Abundância e do Trabalho da sua casa, utilizando as Aspirações do Ba-guá. Você provavelmente também gostaria de ativar outras áreas, mas essas são as duas que precisam ser realçadas para você conseguir sucesso na sua carreira. (Meu livro *101 Dicas do Feng Shui para o Seu Lar* traz tudo o que você precisa saber para melhorar o feng shui do seu lar.)

Se possível, coloque sua cama na área da Abundância, do Sucesso ou do Trabalho. Todavia, não faça isso caso sua cama parecer fora de lugar nesses locais. Se não puder colocar a cama num desses três lugares, talvez possa colocá-la de forma tal que a cabeceira fique voltada para um deles.

Depois de realçar sua casa, avalie o prédio onde trabalha. Comece na parte de fora, observando se o prédio é protegido por colinas ou edifícios próximos. Eles representam o dragão e o tigre simbólicos sobre os quais falamos no Capítulo 1.

Dê uma olhada no terreno ao redor do prédio, para ver se há equilíbrio entre yin e yang nas redondezas. O prédio não deve destoar dos outros prédios da vizinhança. Se ele é pequeno, por exemplo, mas está cercado de edifícios altos, as pessoas se sentirão oprimidas e pouco à vontade.

Depois disso, examine cuidadosamente a porta da frente. Esse é o aspecto mais importante do local de trabalho, do ponto de vista do feng shui. Todos os shars que estejam afetando a porta da frente têm potencial para prejudicar seus negócios. Por isso, precisam ser solucionados.

A porta em si precisa ser de um tamanho proporcional ao prédio. Se for grande demais, por exemplo, pode deixar a riqueza escapar. Se for pequena demais, a entrada do ch'i estará restrita, e isso afetará cada aspecto dos negócios.

Examine e veja se a entrada está de frente para uma das melhores direções (veja Capítulo 3). Caso você tenha seu próprio negócio, lembre-se de que a água está relacionada com o dinheiro, e você está no mundo dos negócios por muitos motivos, um dos quais é ganhar dinheiro. Conseqüentemente, é melhor que a porta principal fique de frente para a água em movimento do que voltada para qualquer uma das suas direções positivas. Um chafariz ou um pequeno lago, especialmente se tiver peixes, na frente do prédio, trará benefícios financeiros. Esses locais com água, entretanto, precisam ser bem cuidados, porque água suja cria ch'i negativo, o que pode prejudicar os negócios.

Água corrente atrás do seu prédio significa que oportunidades financeiras estão acontecendo e você não pode tirar proveito delas. Nesse caso, é melhor construir um muro para esconder a água. O muro faz com que, simbolicamente, a água deixe de existir, evitando que você fique frustrado com oportunidades que não irão trazer-lhe proveito.

Fique na frente da porta de entrada e olhe para dentro do prédio. O ideal seria que você pudesse ver um saguão agradável, bem iluminado e convidativo. Se o saguão é escuro e sombrio, aumente a quantidade de luz, a fim de estimular o ch'i a entrar. Se o saguão for pequeno, talvez você possa colocar um espelho grande, para simbolicamente dobrar o tamanho dele.

Talvez o seu prédio tenha mais de uma entrada. Caso seja possível, utilize a entrada que corresponde à sua área da Abundância, do Sucesso, ou do Trabalho, sempre que entrar ou sair. Assegure-se de que essa porta não está sendo afetada por nenhum shar, e que está bem iluminada. Assegure-se também de que o local ao redor da entrada esteja limpo e bem-arrumado para encorajar o ch'i a passar por essa entrada. (Aproximadamente 80% do ch'i entra pela entrada principal; o resto entra pelas janelas e por outras portas.)

Uma vez dentro do prédio, o ch'i deve fluir sem problemas pelos cômodos. Assegure-se de que ele não está sendo afetado por cantos escuros ou por quinquilharias. Assegure-se também de que sua riqueza ou sorte não está "indo por água abaixo" devido a torneiras gotejantes ou qualquer outra coisa que não funcione de maneira apropriada. Uma porta emperrada, uma janela difícil de abrir ou qualquer coisa que cause irritação, produzirá ch'i negativo, e afetará sua sorte.

Examine cuidadosamente os efeitos de longos corredores retos nos aposentos que ficam em cada uma das extremidades. Um shar interno desse tipo precisa ser eliminado. Talvez tudo o que você precise seja um espelho pendurado do lado de fora da porta desses cômodos.

Enquanto fizer isso, dê uma olhada nas portas laterais do corredor. Se elas estão frente a frente, devem ser do mesmo tamanho e estar exatamente em frente uma da outra. Do contrário, pode haver problemas e desentendimentos. O remédio nesse caso é pendurar um espelho ao lado de cada porta.

Coloque um diagrama das Aspirações do Ba-guá sobre a planta do prédio, para ter certeza de que cada aspecto dos negócios está sendo conduzido na área certa. Não se apresse nessa fase da avaliação. O que a princípio poderia parecer uma disposição totalmente errada, pode revelar-se perfeita, depois de um exame cuidadoso. Por exemplo, você provavelmente gostaria de colocar o diretor-geral em um escritório na área da Abundância. Entretanto, pode haver uma outra localização tão boa quanto essa, e também convém observar a personalidade dele para avaliar direito a situação. Se o diretor-geral se preocupa com o bem-estar de sua equipe, talvez prefira colocar seu escritório na área da Família. Se o diretor-geral estiver entregando gradativamente o poder e a autoridade a outros, talvez fique melhor na área dos Mentores, onde ele pode aconselhar e guiar.

Agora dê uma olhada na área onde você trabalha. Comece procurando shars que possam estar afetando a entrada do seu local de trabalho. A seguir, procure algum shar interno. Um conhecido meu sofria de constantes dores de cabeça, até que mudou a posição de sua escrivaninha. Ele estivera trabalhando sob uma viga do teto. As dores de cabeça desapareceram por completo quando a cadeira dele não estava mais sob esse shar.

Assegure-se de que seu local de trabalho é bem iluminado, para atrair o ch'i. Convém que ele também seja jovial e reflita alguma coisa de sua personalidade. Por isso, seria bom que você colocasse ali algumas fotografias, ornamentos e outras coisas que estivessem relacionadas com seu próprio elemento pessoal. Recentemente, estive no escritório de alguém que nasceu em 1957. Ele tinha um pequeno galo vermelho de porcelana em sua escrivaninha, o que refletia tanto seu elemento (fogo) quanto seu signo do zodíaco chinês (galo).

Personalizar seu espaço de trabalho dessa maneira faz com que você se sinta em casa e se descontraia. Você será mais feliz e mais produtivo num ambiente que lhe pareça agradável.

Se você tem escritório próprio, assegure-se de que sua escrivaninha está numa posição de comando, da qual você pode ver com facilidade quem entra na sala. Use as Aspirações do Ba-guá no escritório, e ative qualquer local que você queira realçar. Nessa situação, esses lugares provavelmente serão as áreas da Abundância, do Sucesso e do Trabalho. Você não precisa ficar pendurando mensageiros dos ventos e ornamentos orientais. Com cuidado, é possível realçar qualquer local de um modo que ninguém note. O importante é que você saiba que os realces estão lá, e que você está ativando uma certa área da sua vida, para impulsionar sua carreira.

Você pode fazer o mesmo, caso seu espaço de trabalho seja parte de um escritório maior. Use as Aspirações do Ba-guá sobre a área que você considera como um espaço seu, e ative as áreas nas quais você deseja progredir. Você pode fazer isso, mesmo se trabalha numa fábrica. É provável que você tenha seu próprio espaço para trabalhar. Examine e solucione qualquer shar, e use as Aspirações do Ba-guá para determinar que áreas precisa ativar.

Depois de uma palestra que dei, há alguns anos, o faxineiro de uma fábrica veio até a mim e disse que ele não tinha um local de trabalho que pudesse considerar seu, porque limpava todo o prédio. Na verdade, ele tinha um pequeno armário, onde guardava o material de limpeza, e estava se perguntando se esse local deveria ser ativado. O armário era pequeno demais para que ele entrasse, então eu lhe disse que era necessário colocar as Aspirações do Ba-guá sobre a planta do prédio e ativar as áreas que ele considerava importantes. Isso, é claro, criou problemas especiais, porque as áreas que ele gostaria de realçar estavam localizadas no local de trabalho de outras pessoas. Entretanto, depois de pensar um pouco, ele colocou algumas moedas sob o tapete do escritório do diretor-geral, para ativar a área da Abundância, e um pequeno cristal no forro de uma cortina na área da Família. Pelo que sei, esses realces não foram notados por ninguém.

É melhor, obviamente, que você avalie o seu prédio com o apoio e a cooperação de todos os que ali trabalham. Mas, como você pode ver, é possível fazer o que é necessário para ativar a sua carreira sem que ninguém fique sabendo o que você está fazendo.

Leia este livro outra vez, tomando notas das coisas que precisam ser solucionadas no seu lar e no seu lugar de trabalho. Talvez você tenha uma lista de uns dez ou quinze problemas que precisam ser resolvidos. Anote-os em ordem de importância. Lembre-se: as mudanças que você fizer em casa são mais importantes para a sua carreira do que as que fizer no local de trabalho.

Ao avaliar essa lista pela segunda vez, é possível que você descubra que os itens menos importantes da lista podem ser solucionados com as mudanças feitas para retificar as coisas mais importantes.

Comece a tratar cada item da lista. Fique atento para as melhorias que cada mudança traz à sua vida. Você notará que a sua qualidade de vida no trabalho estará melhorando constantemente. Você se sentirá mais feliz, mais satisfeito, mais realizado e terá uma sensação de estar fazendo o que deveria. À medida que essas mudanças forem efetuadas, sua motivação e sua satisfação com o trabalho melhorarão.

Seus superiores notarão essas melhorias e você será cogitado para uma futura promoção.

Use o feng shui para harmonizar seu meio ambiente a cada etapa de sua carreira, e você descobrirá que ele o levará até onde você quer chegar. Desejo-lhe uma colheita farta de ch'i e uma carreira muito bem-sucedida.

Apêndice

Elementos e Signos para os Nascidos de 1900 a 2000

Elemento	Signo	Ano
Metal	Rato	De 31 de jan. de 1900 a 18 de fev. de 1901
Metal	Boi	De 19 de fev. de 1901 a 7 de fev. de 1902
Água	Tigre	De 8 de fev. de 1902 a 28 de jan. de 1903
Água	Coelho	De 29 de jan. de 1903 a 15 de fev. de 1904
Madeira	Dragão	De 16 de fev. de 1904 a 3 de fev. de 1905
Madeira	Serpente	De 4 de fev. de 1905 a 24 de jan. de 1906
Fogo	Cavalo	De 25 de jan. de 1906 a 12 de fev. de 1907
Fogo	Carneiro	De 13 de fev. de 1907 a 1º de fev. de 1908
Terra	Macaco	De 2 de fev. de 1908 a 21 de jan. de 1909
Terra	Galo	De 22 de jan. de 1909 a 9 de fev. de 1910
Metal	Cachorro	De 10 de fev. de 1910 a 29 de jan. de 1911
Metal	Javali	De 30 de jan. de 1911 a 17 de fev. de 1912
Água	Rato	De 18 de fev. de 1912 a 5 de fev. de 1913
Água	Boi	De 6 de fev. de 1913 a 25 de jan. de 1914
Madeira	Tigre	De 26 de jan. de 1914 a 13 de fev. de 1915
Madeira	Coelho	De 14 de fev. de 1915 a 2 de fev. de 1916
Fogo	Dragão	De 3 de fev. de 1916 a 22 de jan. de 1917
Fogo	Serpente	De 23 de jan. de 1917 a 10 de fev. de 1918
Terra	Cavalo	De 11 de fev. de 1918 a 31 de jan. de 1919
Terra	Carneiro	De 1º de fev. de 1919 a 19 de fev. de 1920
Metal	Macaco	De 20 de fev. de 1920 a 7 de fev. de 1921
Metal	Galo	De 8 de fev. de 1921 a 27 de jan. de 1922
Água	Cachorro	De 28 de jan. de 1922 a 15 de fev. de 1923
Água	Javali	De 16 de fev. de 1923 a 4 de fev. de 1924
Madeira	Rato	De 5 de fev. de 1924 a 24 de jan. de 1925
Madeira	Boi	De 25 de jan. de 1925 a 12 de fev. de 1926
Fogo	Tigre	De 13 de fev. de 1926 a 1º de fev. de 1927

Fogo	Coelho	De 2 de fev. de 1927 a 22 de jan. de 1928
Terra	Dragão	De 23 de jan. de 1928 a 9 de fev. de 1929
Terra	Serpente	De 10 de fev. de 1929 a 29 de jan. de 1930
Metal	Cavalo	De 30 de jan. de 1930 a 16 de fev. de 1931
Metal	Carneiro	De 17 de fev. de 1931 a 5 de fev. de 1932
Água	Macaco	De 6 de fev. de 1932 a 25 de jan. de 1933
Água	Galo	De 26 de jan. de 1933 a 13 de fev. de 1934
Madeira	Cachorro	De 14 de fev. de 1934 a 3 de fev. de 1935
Madeira	Javali	De 4 de fev. de 1935 a 23 de jan. de 1936
Fogo	Rato	De 24 de jan. de 1936 a 10 de fev. de 1937
Fogo	Boi	De 11 de fev. de 1937 a 30 de jan. de 1938
Terra	Tigre	De 31 de jan. de 1938 a 18 de fev. de 1939
Terra	Coelho	De 19 de fev. de 1939 a 7 de fev. de 1940
Metal	Dragão	De 8 de fev. de 1940 a 26 de jan. de 1941
Metal	Serpente	De 27 de jan. de 1941 a 14 de fev. de 1942
Água	Cavalo	De 15 de fev. de 1942 a 4 de fev. de 1943
Água	Carneiro	De 5 de fev. de 1943 a 24 de jan. de 1944
Madeira	Macaco	De 25 de jan. de 1944 a 12 de fev. de 1945
Madeira	Galo	De 13 de fev. de 1945 a 1º de fev. de 1946
Fogo	Cachorro	De 2 de fev. de 1946 a 21 de jan. de 1947
Fogo	Javali	De 22 de jan. de 1947 a 9 de fev. de 1948
Terra	Rato	De 10 de fev. de 1948 a 28 de jan. de 1949
Terra	Boi	De 29 de jan. de 1949 a 16 de fev. de 1950
Metal	Tigre	De 17 de fev. de 1950 a 5 de fev. de 1951
Metal	Coelho	De 6 de fev. de 1951 a 26 de jan. de 1952
Água	Dragão	De 27 de jan. de 1952 a 13 de fev. de 1953
Água	Serpente	De 14 de fev. de 1953 a 2 de fev. de 1954
Madeira	Cavalo	De 3 de fev. de 1954 a 23 de jan. de 1955
Madeira	Carneiro	De 24 de jan. de 1955 a 11 de fev. de 1956
Fogo	Macaco	De 12 de fev. de 1956 a 30 de jan. de 1957
Fogo	Galo	De 31 de jan. de 1957 a 17 de fev. de 1958
Terra	Cachorro	De 18 de fev. de 1958 a 7 de fev. de 1959
Terra	Javali	De 8 de fev. de 1959 a 27 de jan. de 1960
Metal	Rato	De 28 de jan. de 1960 a 14 de fev. de 1961
Metal	Boi	De 15 de fev. de 1961 a 4 de fev. de 1962
Água	Tigre	De 5 de fev. de 1962 a 24 de jan. de 1963
Água	Coelho	De 25 de jan. de 1963 a 12 de fev. de 1964

Madeira	Dragão	De 13 de fev. de 1964 a 1º de fev. de 1965
Madeira	Serpente	De 2 de fev. de 1965 a 20 de jan. de 1966
Fogo	Cavalo	De 21 de jan. de 1966 a 8 de fev. de 1967
Fogo	Carneiro	De 9 de fev. de 1967 a 29 de jan. de 1968
Terra	Macaco	De 30 de jan. de 1968 a 16 de fev. de 1969
Terra	Galo	De 17 de fev. de 1969 a 5 de fev. de 1970
Metal	Cachorro	De 6 de fev. de 1970 a 26 de jan. de 1971
Metal	Javali	De 27 de jan. de 1971 a 15 de jan. de 1972
Água	Rato	De 16 de jan. de 1972 a 2 de fev. de 1973
Água	Boi	De 3 de fev. de 1973 a 22 de jan. de 1974
Madeira	Tigre	De 23 de jan. de 1974 a 10 de fev. de 1975
Madeira	Coelho	De 11 de fev. de 1975 a 30 de jan. de 1976
Fogo	Dragão	De 31 de jan. de 1976 a 17 de fev. de 1977
Fogo	Serpente	De 18 de fev. de 1977 a 6 de fev. de 1978
Terra	Cavalo	De 7 de fev. de 1978 a 27 de jan. de 1979
Terra	Carneiro	De 28 de jan. de 1979 a 15 de fev. de 1980
Metal	Macaco	De 16 de fev. de 1980 a 4 de fev. de 1981
Metal	Galo	De 5 de fev. de 1981 a 24 de jan. de 1982
Água	Cachorro	De 25 de jan. de 1982 a 12 de fev. de 1983
Água	Javali	De 13 de fev. de 1983 a 1º de fev. de 1984
Madeira	Rato	De 2 de fev. de 1984 a 19 de fev. de 1985
Madeira	Boi	De 20 de fev. de 1985 a 8 de fev. de 1986
Fogo	Tigre	De 9 de fev. de 1986 a 28 de jan. de 1987
Fogo	Coelho	De 29 de jan. de 1987 a 16 de fev. de 1988
Terra	Dragão	De 17 de fev. de 1988 a 5 de fev. de 1989
Terra	Serpente	De 6 de fev. de 1989 a 26 de jan. de 1990
Metal	Cavalo	De 27 de jan. de 1990 a 14 de fev. de 1991
Metal	Carneiro	De 15 de fev. de 1991 a 3 de fev. de 1992
Água	Macaco	De 4 de fev. de 1992 a 22 de jan. de 1993
Água	Galo	De 23 de jan. de 1993 a 9 de fev. de 1994
Madeira	Cachorro	De 10 de fev. de 1994 a 30 de jan. de 1995
Madeira	Javali	De 31 de jan. de 1995 a 18 de fev. de 1996
Fogo	Rato	De 19 de fev. de 1996 a 6 de fev. de 1997
Fogo	Boi	De 7 de fev. de 1997 a 27 de jan. de 1998
Terra	Tigre	De 28 de jan. de 1998 a 15 de fev. de 1999
Terra	Coelho	De 16 de fev. de 1999 a 4 de fev. de 2000
Metal	Dragão	De 5 de fev. de 2000

Notas

Introdução

1. Sarah Rossbach, *Interior Design with Feng Shui* (Nova York: Arkana Books, 1987), 113. Angel Thompson, *Feng Shui* (Nova York: St. Martin's Griffin, 1996), 147.

Capítulo 1

1. Ernest Eitel, *Feng Shui* (Londres: Trubner, 1873. Republicado por Graham Brash, Cingapura, 1984), 47.

Capítulo 3

1. Richard Webster, *Feng Shui for Beginners* (St. Paul: Llewellyn Publications, 1997), XX.
2. Ibid., XXI.

Capítulo 5

1. Uma descrição muito mais detalhada das Quatro Casas do Ocidente e do Oriente se encontra em *Feng Shui for Beginners*, de Richard Webster, pp. 45-63.

Capítulo 6

1. Wright Thurston, *500 Ways to Increase Your Income – IBM Business and Other Success Strategies* (6 fitas cassete) (Sandy: The Wright Thurston Company, 1987).

Capítulo 7

1. Richard Webster, *Feng Shui for Beginners*, 41. Essa disposição da cama é conhecida como a posição do "caixão de defunto", porque fazia com que os chineses se lembrassem dos caixões de defunto que eram colocados em fila no pátio dos templos, esperando para ser enterrados. De acordo com a tradição, uma pessoa não era enterrada imediatamente após a morte; em vez disso, os corpos eram guardados até o dia "certo" para o enterro, segundo a Astrologia Chinesa.

Glossário

Afirmação Silenciosa — Uma afirmação é uma frase ou sentença curta que a pessoa repete para incutir pensamentos positivos na mente. Por exemplo: "Eu atraio riqueza e prosperidade." No Oriente, as pessoas usavam afirmações silenciosas, em geral um objeto que inspirava um pensamento positivo na mente da pessoa cada vez que ela o via. Por exemplo, um pequeno recipiente de metal cheio de moedas, colocado num canto da escrivaninha, faz com que seu ocupante pense em dinheiro e sucesso cada vez que o notar. Um aquário com peixinhos dourados é uma afirmação silenciosa que faz com que a pessoa que o vê pense em sucesso e progresso profissional.

Ba-guá — O ba-guá muitas vezes é conhecido como o "grande símbolo", e consiste nos símbolos yin/yang rodeados pelo trigrama do I Ching.

Caminhada Feng Shui — A caminhada feng shui é um método de avaliar o feng shui de um aposento ou prédio. A pessoa que está fazendo a avaliação caminha pela sala, seguindo os números do quadrado mágico descoberto pelo Imperador Wu. A pessoa fica contra a parede na qual a porta principal está localizada; essa é a posição número 1. Ela se movimenta então para as posições 2, 3, e assim por diante, numa seqüência até 9. À medida que a pessoa vai de uma área à outra, ela permanece atenta a tudo o que está acontecendo, e intuitivamente percebe as áreas nas quais o feng shui não está correto. Uma vez que isso tenha sido determinado, pode-se utilizar diversos tipos de soluções para corrigir o desequilíbrio.

Ch'i — A força universal da vida, ou sopro cósmico, que se encontra em todos os seres vivos.

Cinco Elementos — No feng shui, usamos os cinco elementos da astrologia chinesa: o fogo, a terra, o metal, a água e a madeira. Cada elemento funciona de um modo diferente, e as diversas combinações de elementos têm um papel importante no feng shui.

Escola da Bússola — A Escola da Bússola foi desenvolvida aproximadamente há 2.500 anos, quando a bússola foi inventada. Isso permitiu aos especialistas em feng shui o uso da astrologia chinesa, junto com o feng shui, para personalizá-lo. Ela é mais técnica do que a Escola da Forma, a versão original do feng shui. Hoje em dia, a maioria dos especialistas usam uma combinação de ambos os sistemas para fazer suas avaliações.

Escola da Forma — A Escola da Forma é a forma original do feng shui. Nesse caso, a pessoa observa a geografia do terreno e avalia-o pela quantidade e qualidade de ch'i existente. O lugar perfeito, para a Escola da Forma, seria aquele no qual o local de trabalho está protegido por colinas, e tem um suave riacho serpenteando na frente. Hoje em dia, esses atributos positivos podem ser criados artificialmente. As colinas podem ser simbolizadas por edifícios ou árvores das vizinhanças, e a água pode ser produzida com um chafariz ou laguinho.

Feng Shui — Feng shui significa, literalmente, "vento e água". É a arte e a prática de viver em harmonia com a terra. No feng shui, acredita-se que, se você vive em harmonia com a terra, você terá uma vida cheia de satisfação, felicidade e sucesso. O feng shui começou na China, há aproximadamente 5.000 anos, e até há pouco tempo era pouco conhecido fora do Oriente. Nos últimos vinte anos, ele se espalhou pelo mundo, e é utilizado agora praticamente em todos os lugares, por arquitetos, paisagistas, desenhistas e empresários.

Quadrado Mágico — O quadrado mágico consiste numa série de números dispostos em forma de grade, na qual todos os números verticais, horizontais e diagonais, somados, formam o mesmo total. O primeiro quadrado mágico foi encontrado nas costas de uma tartaruga, por Fu Hsi. Esse quadrado mágico era uma grade de 7 cm por 7 cm, no qual a soma de cada coluna era quinze.

Shan — Esse termo é utilizado para descrever diversos tipos de colinas e montanhas.

Shars — Muitas vezes, referimo-nos aos shars como "flechas envenenadas". Eles são linhas retas de energia negativa (algumas vezes conhecidas como "shar ch'i"), que têm uma capacidade potencial de trazer má sorte. Podem ser causados por linhas retas ou ângulos agudos apontando direto para você. Um caminho reto que vá da rua até sua porta de entrada pode ser considerado um shar.

Soluções — Soluções (algumas vezes chamadas de "remédios" ou "curas") são objetos ou ações que modificam ou eliminam os efeitos prejudiciais de um shar. Um exemplo seria colocar um espelho para enviar de volta um shar para seu local de origem.

Wu de Hsia — Imperador Wu de Hsia (algumas vezes chamado de Fu de Hsia) viveu há aproximadamente 4.800 anos. Acredita-se que ele foi o primeiro regente da China. Ninguém sabe se ele realmente existiu, mas dá-se a ele o crédito de muitas descobertas, uma das quais a tartaruga que trazia gravado no casco o quadrado mágico. Wu é considerado o pai do feng shui, do I Ching, da Astrologia e da Numerologia chinesas.

Yin e Yang – Yin e yang representam os dois opostos da filosofia taoísta. Acredita-se que um não possa existir sem o outro. Por exemplo, a noite é yin e o dia é yang. Sem a noite, não poderia existir o dia. Yin e yang eram, originalmente, os dois lados de uma montanha. O lado norte, que estava à sombra, era chamado yin, e o lado sul, ensolarado, era chamado yang.

Bibliografia

Crawford, E. A. e Teresa Kennedy. *Chinese Elemental Astrology.* Londres: Judy Piatkus (Editora) Ltd., 1992.

Eitel, Ernest J. *Feng Shui.* Publicado pela primeira vez em 1873. Numerosas edições disponíveis, inclusive Cingapura: Graham Brash (Publicação Particular) Ltd., 1984.

Kingston, Karen. *Creating Sacred Space with Feng Shui.* Londres: Judy Piatkus (Editora) Ltd., 1996 e Nova York: Broadway Books, 1997.

Lin, Jami. *Contemporary Earth Design: A Feng Shui Anthology.* Miami, FL: Earth Design Inc., 1997.

Lip, Evelyn. *Feng Shui for Business.* Torrance, CA: Heian International, Inc., 1990.

Rossbach, Sarah, *Interior Design with Feng Shui.* Nova York: Arkana Books, 1987.

Skinner, Stephen. *The Living Earth Manual of Feng-Shui.* Londres: Routledge e Kegan Paul, 1982.

Swan, James A., org. *The Power of Place.* Wheaton, IL: Quest Books, 1991.

Thompson, Angel. *Feng Shui: How to Achieve the Most Harmonious Arrangement of Your Home and Office.* Nova York: St. Martin's Press, 1996.

Webster, Richard, *Feng Shui for Beginners,* St. Paul, MN: Llewellyn Publications, 1997.

Wong, Eva. *Feng-Shui: The Ancient Wisdom of Harmonious Living for Modern Times.* Boston, MA: Shambhala Publications, Inc., 1996.

Sobre o Autor

Richard Webster nasceu na Nova Zelândia em 1946 e reside no seu país de origem até hoje. Ele viaja pelo mundo inteiro todos os anos, fazendo seminários e dando cursos sobre temas psíquicos. Richard já escreveu muitos livros, a maioria sobre temas psíquicos, e também escreve para colunas mensais em várias revistas.

Richard é casado e tem três filhos. Sua família sempre o apoiou em seu trabalho, embora o filho mais velho, depois de acompanhar de perto a carreira do pai, tenha decidido estudar contabilidade.

Para Escrever para o Autor

Se você quiser entrar em contato com Richard Webster ou gostaria de obter informações mais detalhadas sobre este livro, por favor mande sua carta aos cuidados da editora Llewellyn Worldwide e nós a encaminharemos ao autor. Tanto Richard Webster quanto o editor gostariam de ouvir o que você tem a dizer. A Llewellyn Worldwide não pode garantir que todas as cartas dirigidas ao autor serão respondidas, mas todas certamente serão enviadas. Por favor, escreva para:

Richard Webster
c/o Llewellyn Worldwide
P.O. Box 64383, Dept. K808-7
St. Paul, MN 55164-0383, U.S.A.

Favor acrescentar um envelope selado e endereçado para resposta ou um dólar para cobrir as despesas. Caso você não more nos Estados Unidos, envie um cupom postal internacional para resposta.